Chocolat
& Zucchini

à Maxence

Chocolat
& Zucchini

Clotilde Dusoulier

Graphisme & dessins de Anne Bullat

MARABOUT

A

Sommaire

Avant-propos

“
À toute heure du jour et de la nuit, mon esprit est peuplé de choses qui se mangent, et toutes les facettes de la gastronomie me ravissent.

Essayer un nouveau restaurant et étudier le menu avec attention avant de jeter mon dévolu sur le plat qui me fait le plus rêver ; tomber sur un légume étrange au marché et tenter de lui écrire le rôle de sa vie ; lire un article sur un chef, une recette, une technique et noter les idées qui pointent le bout de leur nez ; soulever le couvercle de la cocotte, convaincre ma pâte à tarte qu'il est dans son intérêt de se mettre en boule, surveiller l'ascension de mes soufflés à travers la fenêtre du four ; composer des menus, me faire entremetteuse de saveurs et, si j'ai de la chance, voir mes plats dépasser mes ambitions ; inviter des amis à dîner, les appeler à table au moment où j'apporte un gratin qui embaume, et voir leurs visages s'éclairer de gourmandise.

Aussi étrange que cela me paraisse aujourd'hui, je n'ai pas toujours été ainsi : lorsque j'étais petite, puis adolescente, j'attachais peu d'importance aux plaisirs de la table. Ma mère a toujours été fine cuisinière, et j'aimais lui tenir compagnie dans la cuisine quand elle préparait nos repas ou l'aider à confectionner les gâteaux de nos dimanches après-midi, mais cet univers s'évanouissait dès que je me levais de table. Il y avait des choses que j'aimais, des choses que je pensais détester, et je n'avais aucun sens de l'aventure : oui au fromage blanc du supermarché, non au caillé de lait cru ; oui au pain de mie bien blanc bien carré, non au pain au levain que le reste de ma famille adorait. Manger, c'était pour moi comme respirer : quelque chose que je faisais naturellement, sans y penser. Pas désagréable en soi, mais pas de quoi en faire un fromage fermier.

Ma révolution s'est faite presque du jour au lendemain lorsque je suis allée m'installer à San Francisco avec mon petit ami, Maxence, à la fin de nos études : c'était la belle époque des start-ups et il n'était pas très difficile alors d'y trouver du travail. J'ai toujours été attirée par la culture et le mode de vie des États-Unis, tels que je les percevais à travers la littérature et le cinéma, et j'étais ravie d'en faire l'expérience grandeur nature. Depuis mon poste d'observation, j'envoyais à ma famille et à mes amis des e-mails sans fin, dans lesquels je détaillais cette nouvelle vie, avec son cocktail de découvertes et d'étonnements.

Ce qui m'a le plus frappée est sans conteste l'aspect alimentaire : ces plats et ces spécialités dont je n'avais jamais entendu parler, ces supermarchés atteints de gigantisme, ces rayons entiers dévolus aux céréales du petit déjeuner, ces ingrédients inconnus au bataillon, ces muffins qu'il fallait tenir à deux mains, cette façon unique de placer la nourriture au centre de tout... J'étais fascinée. Je n'avais jamais eu à m'occuper de mes repas au quotidien, et acquérir cette responsabilité à l'étranger rendait l'apprentissage plus intense encore : je faisais mes premiers pas dans un monde nouveau, un monde que je n'avais jamais imaginé aussi riche, aussi multidimensionnel ni, surtout, aussi divertissant. Car, au-delà des idées reçues, la Californie, corne d'abondance de produits frais, de chefs talentueux, et d'influences des quatre coins du monde, est un endroit rêvé pour s'éveiller à la gastronomie. J'explorais tous les magasins d'alimentation qui se trouvaient sur mon chemin, j'achetais des chariots d'ingrédients dont je savais à peine que faire, je remplissais mes placards de livres et d'ustensiles, je téléphonais à ma mère pour l'appeler à la rescousse, et je passais des heures à jouer dans ma cuisine.

J'avais l'impression de me réveiller après des années d'hibernation gastronomique, avec une fringale qui me donnait l'envie de manger dans tous les restaurants, de goûter les cuisines les plus exotiques, et de tout apprendre sur l'histoire et la culture des mets. Je passais ma mémoire gustative au tamis, à la recherche de souvenirs enfouis, et je voulais ressusciter ces émotions, redonner une chance à tous les ingrédients qui m'avaient un jour fait faire la grimace, mettre au défi mes talents culinaires, et voir où tout ceci pourrait bien me mener. Soudain, tandis que la palette de mes goûts s'élargissait et que mon palais s'affinait, j'ai réalisé qu'un fromage coulant sur du pain paysan était le chemin le plus court vers le bonheur.

Lorsque Maxence et moi sommes revenus en France après deux ans passés en Californie, un autre choc des cultures m'attendait : avec ma conscience fraîchement éveillée, j'explorais la dimension gastronomique de la vie parisienne, aspect fondamental dont je n'avais jamais vraiment fait l'expérience, mais qui m'avait néanmoins manqué aux États-Unis. Et si San Francisco m'avait servi de terrain de jeu fabuleux, Paris et ses mille boulangeries m'apparaissaient comme un paradis. (Dans le même temps, revenue de l'autre côté du miroir, j'éprouvais une nouvelle forme de nostalgie qui me faisait rêver de beurre de cacahuète, de vrais hamburgers, de pancakes au sirop d'érable et de céréales soufflées à la cannelle.) C'est à Paris que j'ai commencé à cuisiner pour mes amis et ma famille, ce dont je n'avais eu que rarement l'occasion en Californie, où l'on sortait dîner plus qu'on n'invitait les gens chez soi. J'ai alors découvert cette anticipation particulière qui chatouille l'estomac, le bonheur de réunir autour de sa table les gens qu'on aime et la fierté émerveillée de servir un repas qui régale les invités au point qu'ils en parlent encore des mois plus tard.

Et donc je cuisinais, j'apprenais, je mangeais et je cuisinais de nouveau, et tout allait pour le mieux dans le meilleur des mondes. Mais, bientôt, j'ai pris conscience du caractère hautement éphémère de ma passion : des heures de réflexion et de préparation aboutissent à un plat qui disparaît en quelques minutes, si savoureuses soient-elles. Tout ce qui est fugace présente une forme de beauté philosophique, certes, mais je ressentais aussi une certaine frustration, et il m'a semblé que le meilleur moyen d'y remédier était d'écrire. J'ai commencé avec un simple cahier, dans lequel je notais ce que j'avais cuisiné, quand et pour qui, ce que ça avait donné, et ce qui pouvait être amélioré.

C'est à cette époque que j'ai découvert les blogs culinaires, ces carnets de bord tenus par des passionnés de cuisine, et, au bout de quelque mois, irrésistiblement happée par la douzaine qui existait alors (nous étions en 2003 et tous étaient anglophones), j'ai créé le mien. J'ai choisi de l'appeler Chocolate & Zucchini – chocolat et courgette – pour illustrer les deux facettes de ma personnalité : côté pile, mon attirance pour les légumes, les produits frais et la cuisine saine ; côté face, mon goût marqué pour les douceurs, chocolat en tête. Le site s'est bâti au fil des semaines, au rythme de mes aspirations culinaires et de mes petits bonheurs comestibles. Et, à ma grande surprise, le nombre de visites s'est mis à croître, ainsi que le volume des messages de lecteurs qui se disaient touchés et enthousiasmés. J'en retirais un plaisir indescriptible.

La tenue d'un blog est un passe-temps pour le moins prenant, mais la contrepartie allait bien au-delà de ce que j'avais pu imaginer. J'avais non seulement l'impression de bâtir quelque chose, mais j'apprenais aussi à mieux me connaître : je prenais la mesure de ma passion pour la cuisine et pour ses mots, et je réalisais à quel point je brûlais d'en faire mon métier. Alors même que j'envisageais ce changement de carrière, mon blog s'est révélé une source précieuse d'opportunités et de contacts, me permettant de goûter à différents types d'activités et de rencontrer les chefs et les auteurs que j'admirais depuis longtemps. Deux ans après la création de Chocolate & Zucchini, après avoir bien écouté mon cœur et ma raison, je me suis sentie prête à me lancer : j'ai démissionné de mon poste d'ingénieur informatique pour me consacrer à l'écriture culinaire.

“

L’idée d’écrire un livre me trottait dans la tête depuis un bon moment.

Au fil des mois qui ont suivi la naissance de mon blog, j’ai vu un univers miniature se dessiner, avec son ambiance, son esprit, et sa communauté, et j’ai eu envie de lui donner une incarnation de papier. Tous les amoureux de lecture peuvent en témoigner : le livre – c’est-à-dire l’objet, son poids entre les mains, sa présence sur la table de chevet – a une matérialité et un charme avec lesquels un site Internet ne rivalisera sans doute jamais. Il est difficile de ranger un blog dans sa cuisine pour le garder à portée de main, ou de se blottir avec dans le canapé, une tasse de thé sur l’accoudoir et le chat sur les genoux. On ne peut pas griffonner dans les marges d’un blog, ni le tacher de beurre fondu, gondolant ainsi à jamais la page du gâteau fabuleux que l’on a fait pour l’anniversaire de sa sœur. Voici quelques-unes des raisons qui ont motivé l’écriture de ce livre : je voulais composer un bouquet de choses que j’aime, que j’ai apprises, qui me réjouissent, et les partager avec vous.

À propos des recettes

Vous trouverez dans ce livre un mélange de créations nouvelles et de recettes favorites. Chacune est accompagnée de sa petite histoire, car nous savons tous qu’un plat est bien plus que la somme de ses ingrédients : il emprunte ses couleurs et son caractère aux émotions, au décor et aux personnes qui l’ont vu naître. Ma préoccupation principale en cuisine est de privilégier les produits frais et de saison, dont je m’efforce de faire chanter les saveurs. La qualité des ingrédients que l’on choisit est déterminante pour le succès d’une recette, et je ne peux que vous encourager à utiliser ce qu’il y a de meilleur, dans la mesure de vos moyens. Toutes les recettes ont été testées par des lecteurs de Chocolate & Zucchini qui se sont portés volontaires pour m’aider, et j’ai essayé de les rendre claires et précises. Malgré tout, l’expérience de chacun peut varier selon ses ingrédients et ses ustensiles, et même selon les conditions climatiques. Fiez-vous à votre intuition et à vos cinq sens, ils ont toujours raison.

À propos des mariages entre mets et vins

Mes connaissances en la matière sont assez rudimentaires. Il m’arrive de savoir précisément ce qu’il me faut, pour avoir entendu parler de l’accord ou pour l’avoir goûté ailleurs mais, la plupart du temps, je me contente de demander conseil à mon caviste préféré. Je décris le plat, il fronce les sourcils, réfléchit, et attrape la bouteille idéale, qui porte éventuellement une étiquette « coup de cœur maison » si elle est particulièrement renversante. Si vous avez un caviste sous la main qui peut vous rendre ce même service, rendez-en grâce aux forces supérieures de l'univers. Sinon, pas d'inquiétude : j'ai demandé à mon ami journaliste œnologue, Lenn Thompson (lenndevours.com), de proposer des accords pour les plats de ce livre. Vous les trouverez au bas des recettes, avec ses notes de dégustation. Il n'y a cependant pas de vérité absolue dans ce domaine, et les alternatives sont nombreuses en matière de producteurs, de millésimes et de budget. Prenez donc ces accords comme des exemples de ce qui marche, et choisissez ensuite en fonction de vos propres goûts.

À propos des photos

C'est en voulant illustrer mon blog que je me suis prise au jeu de la photographie culinaire et que j'ai découvert combien j'apprécie cet instant suspendu entre la cuisine et la table, lorsqu'on prend le temps de regarder un plat pour tenter d'en saisir le caractère. C'est dans cet esprit de simplicité que j'ai réalisé les photos de ce livre : dans mon appartement, en lumière naturelle, avec la vaisselle de mes placards. Aucun aliment n'a été maltraité, et tous les plats ont été ensuite mangés.

“

Rencontrer d’autres passionnés de cuisine, c’est un peu comme revoir un ami perdu de vue depuis longtemps. Il suffit d’un regard et de quelques mots pour les reconnaître, et on se sent aussitôt en confiance : on fait partie du même club, on parle la même langue et l’on partage une certaine vision de la vie et de ce qu’il faut faire pour en profiter à plein. Mais c’est une passion qui peut prendre différentes tonalités, et je suis toujours curieuse de découvrir la philosophie de cuisine de ces gourmands : qu’est-ce qui les fait venir aux fourneaux, et qu’y trouvent-ils ? Qu’est-ce qui les fascine, qu’est-ce qui fait briller leurs yeux, et qu’est-ce qui les tient éveillés la nuit ? Quand, à mon tour, je tente de répondre à ces questions, je me prends à parler de produits, de curiosité, de créativité, et de plaisir.

Les produits

Il n’y a rien qui m’inspire plus que de trouver un produit rare ou curieux à goûter, voir apparaître au marché les primeurs de la saison et en cueillir ma part avec excitation, ou écouter un artisan qui explique les subtilités de son métier. Cette joie, ce respect que j’ai pour les produits et les producteurs, voilà ce qui me guide en cuisine. Car c’est là, me semble-t-il, le fondement de l’art culinaire : aimer ses ingrédients et les laisser briller. Les sélectionner au meilleur de leur santé et les utiliser d’une façon qui correspond à ses propres envies, mais sans jamais trahir leur personnalité, ni étouffer leur voix. Dès lors que l’on traite ses produits avec soin, qu’on les invite dans des plats en compagnie d’ingrédients et d’assaisonnements qui concordent bien, leur gratitude se voit et se goûte.

La curiosité

Tel l’enfant d’éléphant, je suis d’une insatiable curiosité. C’est vrai dans tous les domaines de la vie, mais tout particulièrement dans le domaine culinaire. Je brûle de savoir d’où viennent les produits, qui les fabrique et comment, où et quand il faut les acheter, et de comprendre comment fonctionnent les recettes, quelles traditions les entourent et quelles ont été les circonstances de leur création. Alors, je pose des questions, je cherche, je lis et j’essaie d’en apprendre autant que je peux. Ce qui est merveilleux dans tout ça, c’est que si l’on est curieux des caractéristiques et des qualités des aliments, si l’on explore le monde à travers les us et les coutumes culinaires, on n’en sort que plus éclairé. Non seulement on retire davantage de plaisir à cuisiner et à manger, mais ces connaissances deviennent une seconde nature qui guide et conseille. Par chance, la galaxie gastronomique est sans limites : on pourrait voyager toute une vie, flâner dans tous les marchés, échanger des recettes avec chaque personne que l'on croise en chemin, goûter tous les plats humés à tous les rebords de fenêtre, et pourtant il resterait des univers entiers à découvrir et à savourer. (« Chic, chic, chic ! » s'exclame-t-elle en battant des mains.)

La créativité

Quand j'étais petite, j'adorais bricoler des bidules, démonter jouets et objets, et essayer de les reconstruire ensuite. Le Scotch et les ciseaux étaient mes fidèles compagnons, et j'aimais emprunter la machine à coudre de ma mère pour confectionner des porte-monnaie et des chouchous (eh oui ! c'était la grande mode en 1988) avec des chutes de tissus trouvées dans sa malle aux trésors. Je n'étais pas spécialement douée – rien de ce que j'ai fabriqué ne sera conservé pour la postérité – mais j'adorais la façon dont ces activités m'absorbaient et me faisaient perdre toute notion du temps, jusqu'à ce que je lève la tête pour m'apercevoir que la nuit était tombée et qu'il était l'heure de se mettre à table. En grandissant, j'ai progressivement abandonné ce genre de travaux, faute de temps et peut-être aussi de jouets à démonter, mais c'est clairement cet aspect de ma personnalité qui m'a amenée à cuisiner.

À un stade de ma vie où je me sentais frustrée par mon travail, qui m'offrait peu de possibilités d'expression artistique ou de créativité, la cuisine m'apparaissait comme l'endroit où je pouvais faire enfin ce qui me chantait : jouer avec les couleurs, les odeurs et les saveurs, m'émerveiller de ces alchimies et nourrir mes amis. Je me suis aperçue que la créativité culinaire est un trait qui se cultive : au fil des expériences, l'instinct prend la place du conducteur, et il n'est plus vraiment nécessaire de suivre les recettes à la lettre.

Le carnet de bord

Qu'il se présente sous la forme d'un cahier, d'un document sur votre ordinateur ou d'un blog, le carnet de bord culinaire est le plus précieux des outils. Écrivez ce que vous cuisinez, à quelle occasion et pour qui – la bonne maîtresse de maison préférerait mourir plutôt que de servir deux fois la même chose à la même personne, voyez-vous –, la recette que vous avez utilisée et ce que vous avez modifié. Ajoutez vos commentaires, aussi brefs ou détaillés que vous le souhaitez. Notez les plats intéressants que vous goûtez au restaurant, les projets auxquels vous avez envie de vous frotter, les accords inhabituels dont vous entendez parler, bref, toutes les idées qui germent dans votre esprit. Votre muse peut vous rendre visite n'importe où, n'importe quand. Certaines de mes meilleures idées me sont venues dans le métro, à l'opéra, ou lors de réunions longues comme un jour sans pain. Je ne me déplace donc jamais sans un carnet et un crayon.

Vous vous reporterez à vos notes lorsque vous serez en panne d'inspiration, ou lorsque vous voudrez améliorer un plat que vous avez déjà cuisiné. Cela vous permettra de tirer profit de votre expérience, de prendre la mesure de vos progrès, et de regarder s'épanouir la facette culinaire de votre personnalité.

Les livres de cuisine

Comme la plupart des passionnés, il est probable que vos étagères gémissent sous le poids de vos livres de cuisine et que vos tiroirs regorgent de recettes récoltées sur Internet ou découpées dans des magazines. Comment faire pour organiser ces trésors de connaissance et capitaliser sur ces idées ?

En ce qui me concerne, mes livres se hérissent de papiers multicolores qui marquent les recettes séduisantes. Les recettes trouvées en ligne vivent dans un dossier sur mon ordinateur, et les coupures de presse se rassemblent par affinités (amuse-bouche, soupe, viande, dessert, chocolat...) dans un beau classeur en carton. Mais l'organisation est une affaire hautement personnelle ; à vous de mettre au point le système qui vous convient. Dans tous les cas, l'idée reste la même : cartographier le paysage de votre collection pour en faciliter l'accès lorsque vous aurez envie de vous y promener.

Il est fort tentant d'accumuler des nuées de recettes, mais il faut s'efforcer de ne garder ou marquer que celles qui vous inspirent vraiment, celles que vous pensez avoir un jour l'envie et l'occasion de cuisiner – je veux dire, de façon réaliste. Bien sûr, votre collection de recettes n'aura pas grande utilité si elle hiberne toute l'année. Si, en revanche, vous la consultez régulièrement lorsque vous planifiez un dîner ou quand il vous faut apporter un plat quelque part, son contenu sera gardé au frais dans votre esprit, prêt à être ressorti lorsque vous verrez un ingrédient inhabituel au marché : « De la tétragone ? Tiens, j'ai une recette pour ça ! »

La cuisine du placard

En guise d'exercice pour vos muscles créatifs, essayez ceci : ouvrez le réfrigérateur, fouillez dans les placards, et improvisez un plat – ou mieux encore, tout un repas – en vous servant uniquement de ce que vous avez sous la main. Interdiction de faire la moindre course. Vous pouvez vous référer à des recettes existantes (c'est là que vous serez content d'avoir bien organisé vos petites affaires) mais il vous faudra vraisemblablement les adapter, et c'est justement ce qui est intéressant.

Cette approche, qui part des matières premières plutôt que du produit fini, est la meilleure façon de lâcher prise, de laisser parler vos propres idées et, accessoirement, de tirer le meilleur parti de vos provisions. Si vous ne cuisinez jamais de cette façon, cela vous paraîtra peut-être un peu effrayant, comme de faire du vélo sans les petites roues. Il est possible que parfois vous tombiez et que vous vous écorchiez le genou, mais il y aura toujours une leçon à en tirer et, la plupart du temps, vous serez surpris, et fier aussi, de constater que vous vous débrouillez très bien tout seul. N'oubliez pas alors de noter la recette.

Le plaisir

Au bout du compte, la chose la plus précieuse que l'on trouve en cuisine est le plaisir. C'est le plaisir des cinq sens : de la chevelure rayonnante des légumes frais, de la boule de pâte lisse comme une joue de bébé, du soupir de la quiche qui tiédit sur le comptoir, du beurre qui vire noisette dans la poêle, ou des petits bouts de fromage que l'on grignote au passage.

C'est le plaisir d'être en bonne compagnie, de bavarder en cisaillant les fines herbes, de rassembler ses amis autour d'un plat mijoté, et de prendre le temps de savourer, de discuter, de rire, et de s'attarder dans les dernières lueurs du repas. Et c'est aussi le plaisir de l'indépendance, lorsqu'on cuisine quelque chose d'exquis rien que pour soi et que l'on se pelotonne dans son fauteuil favori, un bouquin à la main et un plateau sur les genoux.

Faire la cuisine, c'est une activité intime – on suit son propre appétit et l'on joue selon ses propres règles, au milieu de son propre capharnaüm – et universelle tout à la fois, qui nous soumet aux lois de la physique et de la chimie et nous fait marcher sur les traces des générations qui nous ont précédées. Mais l'ennemi juré du plaisir, c'est le stress. J'ai rencontré beaucoup trop de gens qui sont pétrifiés par l'angoisse de la performance culinaire, qui se sentent dépassés par tant de recettes tendance, qui se croient obligés de cuisiner quelque chose de nouveau et de fabuleux à chaque occasion, et qui se sentent remis en question dans leur moi profond si le rôti a un peu trop cuit.

Il est tout à fait louable de faire des efforts pour se dépasser, c'est comme cela qu'on apprend et qu'on progresse, mais il ne faut pas prendre les choses – ni soi-même d'ailleurs – trop au sérieux. Amusez-vous et cuisinez comme il vous plaît. Quelque chose de simple, préparé dans la gaieté, aura toujours meilleur goût que le plat ambitieux d'un cuisinier au bord de la crise de nerfs.

“

Il faudrait me payer cher pour me faire manquer l’occasion d’explorer une épicerie inconnue, plonger à la découverte des trésors qu’elle recèle, lorgner à travers les vitres de ses présentoirs, attraper les produits sur les étagères et les reposer, en essayant de déterminer ce que je devrais acheter et ce que, diable !, je pourrais bien en faire. J’émerge généralement quelques heures plus tard, les bras chargés de sacs que je rapporte tant bien que mal jusque dans ma cuisine, où je déballe tout comme au matin de Noël. Ou bien alors je me contente d’une ronde d’observation, et je ressors les mains vides mais les idées fraîches. Je tiens tout autant à mes visites chez les commerçants de quartier, routine réconfortante qui me permet de bien connaître leur gamme de produits et de remarquer à l’occasion ce qui est nouveau, ou juste un peu différent. J’aime particulièrement la relation qui s’établit avec ces marchands : leur façon de me saluer quand je fais tinter la clochette de la porte, de se souvenir de ce que j’ai acheté la fois précédente, d’aller me chercher une bricole dans l’arrière-boutique, et de me conseiller lorsqu’ils constatent mon envie d’écouter, d’apprendre, et de débattre avec eux de la meilleure façon de préparer la blanquette. Et comme c’est dans le panier à provisions que tout commence et que tout finit, voici quelques lignes de conduite auxquelles il est bon de se tenir.

Suivre les saisons

C’est simple : les fruits et les légumes sont meilleurs et moins chers lorsqu’ils sont en saison, et donc abondants ; cultivés non loin du lieu d’achat et récoltés récemment, ils échappent à la torture des transports réfrigérés. Cela rend les mois d’hiver un peu plus chagrins que les mois d’été, j’en conviens, mais j’aime néanmoins suivre ce principe : je reste ainsi en contact avec le cycle naturel de l’année, je me fais une joie de voir surgir les premières (vraies) fraises, et mes assiettes de crudités n’ont jamais le goût du carton mouillé.

Les fruits et les légumes ne sont d’ailleurs pas les seuls à suivre le rythme des saisons. Comme la chasse est réglementée, on ne trouve du gibier frais qu’entre l’ouverture et la fermeture de la chasse, de septembre à janvier ; en dehors de cette période, c’est du surgelé ou de la contrebande. Les fromages fermiers sont également des produits saisonniers, régis par les cycles de reproduction des animaux et les techniques d’affinage requises pour chaque variété.

Sur mon marché, le petit étal de fromages de chèvre disparaît à la fin de l’année, quand la fermière est occupée à faire biqueter son troupeau. Elle revient juste avant le printemps avec des crottins frais comme la rosée. Lorsque l'automne arrive et que la production de lait s'amenuise, son étal fait la part belle à des fromages plus secs et plus corsés, mais tout aussi appréciés. Les fromages de montagne changent également de caractère selon la période de production, puisque le goût du lait varie selon que les vaches ont brouté l'herbe fraîche des pâturages, en été, ou le fourrage des étables de la vallée.

Trouver les meilleures sources d'approvisionnement

Le supermarché, c'est sûr, c'est pratique mais, pour beaucoup d'ingrédients, ce n'est pas ce qu'il y a de mieux, et l'on y est souvent abandonné à son propre sort pour décider ce qu'on doit acheter. Lorsqu'on a accès à un marché, cela vaut la peine d'y faire ses courses pour les fruits et légumes : le choix est en règle générale plus varié, les produits plus frais et plus fidèles aux saisons, et l'on peut y bénéficier des conseils des maraîchers. Le même principe s'applique si l'on a près de chez soi un bon boulanger, un fromager, un boucher ou un poissonnier.

Les magasins biologiques vendent toutes sortes d'ingrédients qu'on ne trouve nulle part ailleurs, et tout n'y est pas hors de prix. Quant aux épiceries exotiques, qu'elles soient méditerranéennes, orientales, africaines, latines, ou asiatiques, ce sont d'excellentes sources de saveurs voyageuses qui vous changent la cuisine.

Rester flexible

Une recette doit se lire comme un guide, et non comme une formule absolue : on peut se sentir libre de remplacer certains ingrédients pour utiliser ce que l'on a sous la main, ce qui coûte moins cher, ou ce qui correspond plus à son goût. Le plus sûr est de rester dans la même famille d'ingrédients (de la coriandre à la place du persil plat, des amandes au lieu des noix, du comté vieux plutôt que du parmesan) ; la plupart des recettes de ce livre sont accompagnées de suggestions de variantes, mais vous pouvez aussi vous fier à votre bon sens.

En matière de courses, ma stratégie préférée consiste à suivre mon instinct : je choisis simplement ce qui a l'air le plus frais et ce qui me fait le plus envie, et je m'occupe des détails plus tard. Ce délicieux sentiment de liberté rend la tâche bien plus intéressante et spontanée. L'inconvénient, c'est que je dois faire attention à ne pas acheter trop, en gardant à l'esprit l'inventaire de mon réfrigérateur. Mais même si je me laisse emporter, même si je reviens avec de quoi nourrir un régiment, je peux toujours appeler la marmite et le congélateur à la rescousse, ou bien inviter un régiment à dîner.

Mes habitudes

Le monde anglo-saxon entretient un tas d'idées romanesques sur la façon dont les Français font leurs courses. J'aimerais pouvoir hocher la tête et leur dire que oui, en effet, nous nous retrouvons tous les matins au marché sur la place du village, avec nos bérets pittoresques et nos paniers en osier. Mais nous savons tous que les habitudes de chacun varient selon l'endroit où il vit et travaille, selon le nombre de bouches qu'il a à nourrir, et selon qu'il a ou non les moyens et l'envie de se préoccuper du contenu de son assiette. Ce n'est donc jamais au nom de mes compatriotes que je raconte comment je m'y prends, mais au nom de l'anecdote.

Le samedi matin, si j'arrive à me lever et à m'habiller avant midi, je me rends au marché du boulevard des Batignolles pour acheter des fruits et des légumes, de la viande, du fromage, et des fleurs. C'est un marché en plein air et tout bio, ni trop grand, ni trop bondé, où la plupart des stands sont tenus par des producteurs. (Sur la majorité des marchés parisiens, les marchands sont simplement des revendeurs, qui achètent leurs produits au marché de gros de Rungis.) Je me laisse séduire par des fruits et des légumes qu'il serait difficile ou même impossible de trouver ailleurs : des variétés anciennes de pommes et de cerises, des légumes oubliés, des courges biscornues, des herbes inconnues à mon bataillon… La plupart du temps, je repars avec un échantillon de quelque chose à goûter, une astuce, une recette, ou une clayette de fruits bradés parce qu'un peu tapés, qui feront néanmoins une compote fameuse.

J'achète ma viande et mes œufs à un jeune couple qui élève des porcs et de la volaille dans les Ardennes, et mon fromage à l'un de mes deux fromagers favoris : le petit étal du premier est dévolu aux fromages de chèvre, tandis que l'autre propose une sélection plus large, qui vaut bien que l'on brave la file d'attente et l'espièglerie des vendeurs. Quant au fleuriste, il est vite pris d'assaut – les fleurs y sont très fraîches et très bon marché –, donc je m'y rends dès mon arrivée, mais la jeune fille met mes tulipes de côté pendant que je fais le reste de mes courses les mains libres.

En plus des vendeurs de ce marché, je fais appel aux fournisseurs qui s'alignent le long des rues commerçantes de mon quartier – la rue des Abbesses, la rue Lepic et la rue des Martyrs. Dans chaque catégorie (primeur, fromager, boucher, poissonnier, caviste, boulanger), j'ai fini par retenir mes préférés, en fonction de la qualité et du prix de leurs produits tout autant que de la gentillesse de leur accueil. La plupart de ces commerces sont de petites entreprises familiales, et je sais le mal qu'ils ont à garder la tête hors de l'eau face à la concurrence des grandes surfaces. J'ai du respect pour leur savoir-faire, je vois bien le supplément d'âme qu'ils apportent au quartier, et je choisis donc, plutôt que de faire mes courses au supermarché, de privilégier la qualité et de soutenir ces artisans. (Le seul problème, c'est qu'ils sont de plus en plus encerclés par des boutiques de jeunes créateurs, si bien qu'il m'arrive de sortir pour acheter un poulet et de revenir avec une petite robe et un poulet.)

Indépendamment de mes besoins quotidiens, j'adore partir en expédition à travers Paris, à la recherche de tel ou tel produit que réclame ma cuisine : chocolat, confiseries, épices, condiments exotiques, ingrédients en demi-gros pour la pâtisserie, huiles rares, farines en vrac... Je demande conseil autour de moi, je note les recommandations de la presse et je garde les yeux grands ouverts quand je marche dans la rue, dans l'espoir de tomber sur quelque pépite cachée.

Quand j'ai l'occasion de voyager en France ou ailleurs, les marchés et les commerces de bouche sont mes axes d'exploration de prédilection. Je me renseigne avant de partir sur les spécialités à ne pas manquer, et j'en case autant que je peux dans ma valise. Il est possible que j'aie alors du mal à soulever ladite valise et que mes vêtements sentent un peu le curry à mon retour, mais c'est un faible prix à payer pour prolonger les plaisirs du voyage et, curieusement, mes amis semblent préférer ce genre de dégustation à une bonne vieille séance diapo.

RÔTISSERIE
POULET A E
SAUCISSE
BROCHETTE
1/4 DE POULE
POULET BIO
PORCELET SUR
BO
Aujourd'hui
- Raie aux capres
- filet de sole
- Rognons de Veau
- Lapin
- Ris de veau aux nouilles
- Tomate farcie
- Brochette de Volaille
- Cailles
- Navarin d'agneau
- Saumon aux
en papillote

Simplicité

“

Vous savez ce que c’est. Dès que vous êtes à une fête avec des gens que vous ne connaissez pas, quelqu’un finit immanquablement par demander, « Et vous, qu’est ce que vous faites dans la vie ? ». Je dois dire que je m’étends sur la question avec infiniment plus d’enthousiasme maintenant que mes activités sont en phase avec mes désirs profonds. Suite à quoi mon interlocuteur se tourne généralement vers Maxence avec des étoiles dans les yeux en s’exclamant : « Alors ce doit être un festival gastronomique permanent chez vous ! ».

Pour être tout à fait honnête, non. On mange bien, c’est vrai, des produits frais qui viennent du marché ou des commerçants du quartier, mais les menus du quotidien sont simples, et les dîners en semaine consistent souvent en une sorte de pique-nique : du fromage, du jambon, et deux ou trois bricoles rescapées des jours précédents. Ajoutez à ça un peu de pain et une salade, et voilà une dînette rapidement assemblée et joyeusement dégustée.

Et quand, certains soirs, l’inspiration me propulse aux fourneaux, c’est avec une bonne dose d’improvisation que je cuisine, en puisant dans le réfrigérateur de quoi élaborer un repas qui reflète la météo et l’humeur du jour.

Cette première partie présente, dans cet esprit, quelques-unes de mes recettes préférées, autour desquelles je brode des variations en fonction de ce que j’ai sous la main.

Herbes
1€50
Salades
1€50
Poireaux
nouveaux

Salades

Salade de poulet, pêches et noisettes

“ Lorsque je travaillais encore dans un bureau, c'est-à-dire avant que je ne m'engage dans l'armée des travailleurs en pyjama, j'apportais souvent mon propre déjeuner. C'est une habitude que j'avais prise aux États-Unis, où c'était assez répandu : nous nous installions à plusieurs dans la cuisine d'entreprise, chacun dégainait son sandwich, et nous mâchions de concert en faisant une partie de Boggle[1], jeu auquel je n'ai pas gagné une seule fois, mais qui m'a appris des tonnes de mots anglais de trois et quatre lettres.

À mon bureau, en France, la pratique était moins courante, et la plupart de mes collègues allaient au bistro du coin manger une tartine ou un plat du jour. Je me joignais à eux de temps en temps, pour la compagnie et pour me tenir au courant des dernières anecdotes croustillantes, mais, pour des raisons de coût, de nutrition et de variété, je préférais quand même emporter mon pique-nique.

L'été, je me préparais des salades colorées, et je m'échappais à l'heure du déjeuner en direction du parc Montsouris tout proche. Je passais devant le restaurant gastronomique qui s'y trouve, et me délectais du menu du jour en guise d'amuse-bouche. J'allais ensuite m'asseoir au bord du lac, où une poignée de canards attendaient, indolents, dans le vague espoir que quelqu'un leur jette un peu de pain. Une fourchette dans une main, un livre dans l'autre, et la barquette de salade calée contre moi à l'aide du poignet, une technique maîtrisée au prix d'années d'entraînement, j'attaquais mon déjeuner avec bonheur, dans le confort délicieux de ma solitude.

Après une petite promenade post-prandiale, je retournais au bureau, rafraîchie et rassérénée. Cette salade est un de mes classiques de l'époque, et je la prépare encore aujourd'hui pour un repas rapide, ou pour un buffet. C'est une bonne façon d'utiliser les restes d'un poulet rôti, que j'achète pour ma part à la petite rôtisserie de la rue des Abbesses, où les poulets sont dodus et délectables, et où la charmante patronne ressemble à s'y méprendre à Marie-Anne Chazel.

(1) Un Boggle est une sorte de Scrabble miniature qui se joue avec des dés.

Salade de poulet, pêches et noisettes

Pour 4 personnes en plat principal, pour 6 à 8 personnes en entrée

Ingrédients

- 3 pêches jaunes mûres (ou nectarines jaunes)
- 3 c.s. d'huile de noisette (d'huile de noix ou d'huile d'olive vierge extra)
- 2 c.s. de vinaigre balsamique
- 450 g de poulet cuit détaillé en lamelles, provenant d'un poulet acheté à la rôtisserie ou rôti maison
- 80 g de noisettes grillées à sec et grossièrement concassées (voir ci-dessous)
- les feuilles d'un petit bouquet de coriandre fraîche, environ 10 g (ou de persil plat frais)
- sel fin et poivre du moulin
- 240 g de pousses d'épinard

1 Commencez par peler les pêches : c'est plus facile si vous les plongez 1 minute dans une casserole d'eau frémissante. (Si vous prenez des nectarines, il est inutile de les éplucher).

2 Mélangez l'huile et le vinaigre dans un saladier. • Ajoutez les lamelles de poulet, les pêches, les noisettes et la coriandre. • Salez, poivrez et mélangez bien les ingrédients pour les enrober de sauce. • Incorporez les épinards et remuez à nouveau. • Goûtez et rectifiez l'assaisonnement. • Servez la salade immédiatement ou conservez-la au réfrigérateur une journée : elle n'en sera que meilleure, mais il faudra alors la sortir une demi-heure avant de la déguster.

Noisettes grillées à sec

- Les fruits à coque (noisettes, noix, pistaches) révèlent toute leur saveur et leur croquant quand ils sont grillés. La meilleure façon de procéder est de les griller à sec.
- Étalez-les dans une poêle sur feu moyen et laissez cuire 3 à 5 minutes jusqu'à ce qu'ils blondissent et libèrent leurs arômes, en remuant régulièrement la poêle.
- Versez-les immédiatement dans un autre récipient.
- Dans le cas des noisettes, il est conseillé de retirer aussi leur fine peau brune : enveloppez-les dans un torchon, laissez reposer 5 minutes, et frottez les noisettes avec le torchon afin d'éliminer autant de peau que possible.

Note

Si vous préparez cette salade à l'avance, le vinaigre aura tendance à flétrir les pousses d'épinard. Votre salade aura toujours bon goût, mais sera moins présentable : si vous la servez dans un dîner entre amis, ajoutez les épinards au dernier moment.

Variantes

On peut remplacer les pêches et les noisettes par des abricots frais (ou secs) et des amandes.

Accord vin

Riesling Spatlese 2003 Wein & Sektgut Thielen Merlen Fettgarten (Allemagne, Moselle-Sarre-Rhur, blanc).
Un vin léger aux arômes de fruits jaunes qui rehaussent le parfum de la pêche. Excellent équilibre entre son caractère sucré qui contrebalance la légère amertume des noisettes, et son acidité qui tient tête au vinaigre balsamique.

Salade de haricots verts, noix de pécan et jambon cru

“

Quand j’habitais chez mes parents, mon menu favori pour le repas du dimanche midi, c’était le poulet rôti de ma maman, accompagné de pommes de terre sautées et de haricots verts persillés, sur lesquels s’assoupissait une noisette de beurre doux. L’épluchage desdits haricots, achetés au marché le matin même, constituait une étape cruciale de la préparation, et toute la famille était mise à contribution. Vers onze heures, on entendait l’appel qui retentissait depuis la cuisine : « Il y a des haricots verts à éplucher ! »

Certains auraient peut-être renâclé, mais moi pas : je voyais là un moment de répit face aux devoirs que j’essayais généralement d’expédier le dimanche matin. Mon père, ma sœur et moi nous agenouillions sur le tapis du salon, autour de la table basse, et nous retroussions nos manches tandis que ma mère apportait sur un plateau les haricots dans leur papier brun, et la passoire qui les recevrait après leur passage sur le billot. Avec le temps, nous étions tous devenus très habiles et, en quelques minutes, l’emballage était vide, la passoire pleine, et le plateau constellé de virgules vertes. Je n’avais d’autre choix que de retourner à mes cahiers, en traînant des chaussons et en espérant que le déjeuner serait bientôt prêt.

Lorsque je cuisine des haricots verts aujourd’hui, je ne peux pas compter sur toute une équipe d’éplucheurs qualifiés, mais j’aime toujours autant cette tâche, et l’humeur rêveuse qu’elle favorise. Mes doigts s’affairent instinctivement, comme ceux des gens qui tricotent sans regarder, tandis que je laisse mon esprit vagabonder en pensant au reste du repas, à nos projets pour le week-end, et en me demandant si je devrais ou non me faire couper les cheveux.

Dans la recette qui suit, l’épluchage des haricots est la seule étape qui demande un peu de travail. Recrutez quelqu’un qui voudra bien vous offrir son aide en échange de votre plus beau sourire, ou bien apprenez à apprécier cette petite besogne et le bruit de claquettes qui l’accompagne. Le haricot frais saura récompenser tous vos efforts par sa vivacité et sa superbe.

Salade de haricots verts, noix de pécan et jambon cru

Pour 4 personnes en plat principal, pour 6 à 8 personnes en entrée

Ingrédients

- 700 g de haricots verts frais épluchés (ou de haricots surgelés, auquel cas il est inutile de les décongeler, mais pas de haricots en boîte)
- 2 c.s. d'huile d'olive
- 1 c.s. de vinaigre de cidre
- sel fin et poivre du moulin
- 1 poignée de feuilles de persil plat frais, grossièrement ciselées
- 80 g de jambon cru en fines tranches, détaillé en lamelles de 2 cm (jambon d'Ardèche, de Bayonne, de Parme)
- 50 g de noix de pécan, grillées à sec et grossièrement concassées (page 27)

1 Faites cuire les haricots 10 minutes à la vapeur (12 minutes s'ils sont surgelés) jusqu'à ce qu'ils soient cuits mais encore croquants. (Si le bol du cuit vapeur est trop petit, procédez en deux fois.) • Plongez les haricots dans un saladier d'eau glacée pour arrêter la cuisson et préserver leur couleur. • Égouttez soigneusement.

2 Mélangez l'huile et le vinaigre dans un saladier. • Salez légèrement (le jambon cru est assez salé) et poivrez généreusement. • Incorporez les haricots et le persil et mélangez délicatement. • Disposez le jambon cru et les noix de pécan par-dessus. • Servez immédiatement ou gardez au réfrigérateur jusqu'au lendemain. • Sortez la salade une demi-heure avant de servir.

Haricots verts

- La saison des haricots verts s'étend de mai à septembre. Choisissez des haricots fermes, sans taches, à la peau bien brillante.
- Conservez-les dans le bac à légumes du réfrigérateur et consommez-les dans les deux ou trois jours.

Variantes

On peut remplacer les haricots verts par des pois gourmands et les noix de pécan par des cerneaux de noix.

Accord vin

Beaujolais Villages Joseph Drouin 2004 (France, Bourgogne, rouge).
Le Beaujolais forme toujours un bel accord avec le jambon. Celui-ci est fruité et léger, et son acidité se conjugue bien à celle des salades. Son nez évoque la framboise, la cerise et la fraise, et il présente des arômes similaires en bouche, avec une note de terre qui rappelle les noix de pécan.

Salade de mâche, clémentines et thon poêlé

PAGE 32

Salade tiède de haricots blancs au pesto de noix et à la roquette	PAGE 34

Salade de mâche, clémentines et thon poêlé

“

Je fais partie de ceux qui ont besoin de la fraîcheur des salades en toute saison. Il n'est guère besoin de préméditation en plein été, lorsque tous les légumes du marché semblent prêts à s'élancer d'un bond pour atterrir dans le saladier. Mais, si l'on y regarde de plus près, les mois de givre n'offrent pas moins de candidats estimables : les champignons, les endives, les agrumes, les betteraves, les poires ou les salades d'hiver, pour ne citer qu'eux.

La mâche n'est pas la salade la plus consommée en France – c'est la modeste laitue qui détient ce titre –, mais nous sommes néanmoins nombreux à apprécier la saveur de ses petits bouquets feuillus. Et comme c'est une salade qui préfère pousser au frais, c'est en hiver qu'elle est au mieux de sa forme.

En guise de pied de nez à la morosité ambiante, je prête une attention particulière à la chromatique de mes salades d'hiver, et je leur ajoute généralement un ingrédient chaud ou tiède juste avant de servir : des tartines de chèvre rôti, des aiguillettes de poulet frottées d'épices, un filet de poisson grillé, ou encore des gésiers de canard, dont nous avons toujours quelques boîtes sous la main (les grands-parents de Maxence habitant le Périgord, chaque visite est une occasion de reconstituer notre stock de conserves).

Dans cette salade de mâche, éclairée par le sourire acidulé des clémentines, la chaleur est fournie par des cubes de thon rouge frais : roulés dans des graines de pavot et saisis à la poêle, ils offrent alors un contraste délicieux entre rouge et noir, entre chair tendre et surface croustillante.

Simplicité

Salade de mâche, clémentines et thon poêlé

Pour 4 personnes en plat léger, pour 6 personnes en entrée

Ingrédients

- 250 g de mâche
- 5 petites clémentines juteuses, environ 400 g
- 2 c.c. de vinaigre balsamique
- 2 c.s. de persil plat frais finement haché
- 1 c.s. + 2 c.c. d'huile d'olive
- sel fin et poivre du moulin
- 500 g de thon rouge ou de thon albacore, tranché en 2 pavés épais
- 4 c.s. de graines de pavot

Thon bleu

Dans la mesure où le thon est servi bleu dans cette recette, il faut utiliser du poisson d'excellente qualité et ultra-frais : il doit avoir une bonne odeur iodée et être ferme au toucher. (Je n'ai pas encore rencontré de poissonnier qui vous laisse tripoter les produits et y mettre votre nez, mais il est toujours bon de savoir ce que l'on cherche.)

1 Rincez soigneusement la mâche (il reste parfois un peu de sable dans les racines), et essorez-la. • Si les bouquets ont une base propre et tendre, gardez-les entiers, sinon, retirez la racine.

2 Pressez le jus d'une clémentine – ceci devrait donner environ 3 cuillerées à soupe. • Dans un saladier, mélangez le jus de clémentine, le vinaigre balsamique, le persil et 1 cuillerée à soupe d'huile d'olive. • Salez et poivrez. • Épluchez les autres clémentines et séparez les quartiers. • Enlevez soigneusement les petites peaux blanches.

3 Épongez le thon avec du papier absorbant. • Versez les graines de pavot dans une assiette creuse et roulez le thon dedans pour en recouvrir chaque surface. • Ajoutez la mâche à la sauce, mélangez, et disposez sur les assiettes.

4 Dans une grande poêle antiadhésive, faites chauffer 2 cuillerées à café d'huile d'olive sur feu vif. • Déposez le thon dans la poêle et laissez dorer 1 minute sur chaque face ; la surface doit devenir opaque, mais la chair doit rester bien rouge. • Salez et poivrez. • Transférez le thon sur une planche à découper et détaillez en gros dés, en travaillant rapidement pour éviter qu'ils refroidissent. • Répartissez le thon et les quartiers de clémentines sur les assiettes et servez sans attendre.

Variantes

Pour donner au thon un goût fumé, mélangez 2 cuillerées à café de paprika fumé (page 47) avec les graines de pavot. Au printemps, je remplace la mâche par du mesclun et les clémentines par des fraises rôties : mettez une vingtaine de petites fraises équeutées dans un plat à gratin et faites-les rôtir 5 à 8 minutes dans le four préchauffé à 180 °C (th. 6). Écrasez quelques fraises pour la sauce et garnissez la salade avec celles qui restent.

Accord vin

Vouvray 2003, château de Montfort (France, Loire, blanc).

Léger et frais, ce vouvray offre des arômes de pêche blanche et de zeste d'orange. C'est un vin minéral, légèrement floral, avec des notes vives et acidulées.

Salade tiède de haricots blancs au pesto de noix et à la roquette

“

Pendant toute mon enfance et mon adolescence, les haricots blancs figuraient en bonne place sur ma liste noire des aliments. Ma mère, qui ne les aimait pas non plus, n’en faisait jamais ; je ne les avais donc goûtés qu’à la cantine, où ils étaient servis avec talent et constance sous la forme d’une bouillie pâteuse qui vous collait au palais.

Mais lorsque j’ai commencé à m’intéresser de plus près à la cuisine, l’une des tâches auxquelles je me suis attelée a consisté à reconsidérer tous les ingrédients que je croyais détester : je cherchais des recettes flatteuses, je les suivais de mon mieux, et je guettais le verdict de mes papilles.

À ma grande satisfaction, la liste s’est réduite progressivement à une poignée d’ingrédients. Et quand est venu le tour des haricots blancs, j’ai découvert que la glu n’était pas leur seul destin possible, que les haricots secs étaient infiniment supérieurs aux haricots en boîte et qu’une bonne assiette de cassoulet valait bien quelques heures d’autoroute.

L’une des variétés que je préfère est le haricot tarbais, cultivé au pied des Pyrénées, dont la peau est finement grainée et la chair ferme. Tombé en disgrâce dans les années soixante – c’est une forte tête qui exige qu’on le récolte à la main –, il fut sauvé de justesse par un groupe de producteurs qui fit campagne dans les années quatre-vingt pour obtenir la reconnaissance de ses qualités gustatives sous la forme d’une appellation d’origine contrôlée.

Le rêve de tous les haricots tarbais est de finir en cassoulet, et ils accompagnent à merveille un gigot pascal, mais j’aime la façon dont la salade suivante souligne leur goût de noisette : les haricots sont cuits juste au seuil de leur tendreté, ce qui leur permet de conserver forme et dignité ; ils sont ensuite enrobés d’une pâte de roquette et de noix à la saveur vive et poivrée. Comme le haricot tarbais est récolté à la main et produit en faibles quantités, il n’est pas donné. Que l’on se rassure : cette recette convient tout aussi bien aux variétés plus modestes de haricots blancs.

Simplicité

Salade tiède de haricots blancs au pesto de noix et à la roquette

Pour 4 personnes en plat principal, pour 6 à 8 personnes en entrée ou en accompagnement

Ingrédients

- 300 g de haricots blancs secs, triés et rincés
- 2 feuilles de laurier
- 2 c.c. de sel fin
- 40 g de cerneaux de noix, grillés à sec
- 40 g de roquette
- 4 c.s. d'huile de noix (ou d'huile d'olive vierge extra)
- 1 c.s. de jus de citron
- 1 échalote, grossièrement hachée

Trempage

8 heures minimum

1 Faites tremper les haricots dans 750 ml d'eau froide au moins 8 heures. • Égouttez et mettez les haricots dans une grande casserole avec deux fois leur volume d'eau froide et les feuilles de laurier. • Portez à ébullition sur feu moyen et laissez cuire à couvert 45 minutes à 1 heure (ou selon les instructions sur le paquet). • Les haricots doivent être tendres sans tomber en purée. • Vérifiez régulièrement le niveau de l'eau et ajoutez-en au besoin. • Trente minutes après le début de la cuisson, ajoutez 1,5 c.c. de sel. • On peut préparer les haricots la veille.

2 Pendant la cuisson des haricots, mélangez les noix, la roquette (réservez-en quelques feuilles pour décorer), l'huile, le jus de citron, l'échalote et 1/2 c.c. de sel dans le bol du robot ou dans un mortier. • Mélangez ou écrasez au pilon pour obtenir une pâte. • Ce pesto peut être préparé la veille. • On peut aussi s'en servir pour assaisonner une salade de pommes de terre ou de poulet, ou bien dans un sandwich.

3 Égouttez les haricots et laissez reposer 1 minute. • Versez le pesto dans un saladier, ajoutez les haricots et remuez doucement pour bien les enrober. • Servez la salade encore tiède, décorée de quelques feuilles de roquette. • Les restes sont tout aussi bons le lendemain, froids ou légèrement réchauffés.

Variante

Vous pouvez préparer le pesto avec des anchois à l'huile d'olive (6 à 8 filets, bien égouttés) en remplacement ou en complément de la roquette. Dans ce cas, n'ajoutez pas de sel.

Accord vin

Sauvignon blanc de Touraine 2004, domaine des Chézelles (France, Loire, blanc). Un vin modérément corsé, au bouquet intense de sauvignon blanc (agrumes, fines herbes) et suffisamment acide pour contrebalancer la richesse des haricots et des noix.

Coqu

Sandwiches

Sandwich de dinde au curry

“Au matin de la première nuit que Maxence et moi avons passée dans notre appartement parisien, je me suis habillée rapidement pour me rendre à la boulangerie la plus proche, à quelques pas de chez nous. Quelques minutes plus tard, je revenais avec deux croissants au beurre dans leur robe fragile de papier, et une bouteille de jus d'orange achetée à prix d'or à l'épicier d'en bas.

Une fouille en règle de notre pyramide de cartons nous a permis de mettre la main sur deux assiettes et deux verres, et nous nous sommes assis sur le parquet pour notre premier petit déjeuner montmartrois. Me saisissant de mon croissant, je l'ai soupesé et examiné sous toutes ses coutures avant d'en mordre un coude. Je l'ai mâché avec attention, les papilles sous mobilisation générale, et j'ai poussé un soupir de soulagement. Une croûte blonde, croustillante et beurrée, une mie fraîche, souple et fondante : c'était là tout ce qu'un bon croissant devait être, et l'on pouvait se le procurer juste au coin de la rue.

En essuyant les quelques miettes restées collées aux commissures de nos lèvres, nous nous sommes dit : « Nous allons être heureux ici. » Dans les mois qui ont suivi, nous avons goûté toute la gamme de produits de cette boulangerie, pour finalement établir le palmarès suivant : un gâteau au chocolat fondant, un chausson aux pommes pointillé de sucre cristallisé, et une remarquable baguette aux céréales. Je suis tombée sous l'emprise de leur sandwich de dinde, fait avec cette même baguette, et c'est devenu mon déjeuner favori lorsque j'émergeais de la piscine, les jambes en coton et l'estomac dans les talons.

Malheureusement, ils ont un jour changé la recette, et si la baguette est toujours aussi savoureuse, la garniture a pris un coup dans l'aile : la dinde a pour ainsi dire disparu, évincée par un vulgaire œuf dur en rondelles, et l'on se prend maintenant à espérer, sans les trouver, de ces petits raisins charnus qui flattaient si joliment les arômes du curry. Mais il serait malvenu d'entrer en tempêtant dans une boulangerie pour demander, indigné, comment il se fait que leurs produits ne satisfont plus aux exigences de votre palais. Vous seriez foudroyé d'un regard si glacial qu'il vous donnerait des engelures, et vous n'oseriez jamais plus y retourner. Je me suis donc contentée de mettre au point une recette qui reproduit la version originale ; je leur achète la baguette et je me fais mon propre sandwich.

Simplicité

Sandwich de dinde au curry

Pour 2 personnes
en plat principal

Ingrédients

- 2 c.s. de raisins secs
- 2 c.c. d'huile d'olive
- 2 gousses d'ail – une pour la dinde, l'autre pour la sauce
- 180 g d'escalope de dinde crue
- sel fin et poivre du moulin
- 2 à 4 c.s. de yaourt nature ou de yaourt à la grecque
- 2 c.s. de fromage de chèvre frais, de ricotta ou de fromage frais
- 1 à 2 c.c. de poudre de curry
- 1 c.s. de jus de citron
- 1 baguette aux céréales de 250 g (de la baguette traditionnelle, deux petits pains aux céréales ou du pain de type ciabatta conviendront aussi)
- 2 bonnes poignées de mesclun
- 2 c.s. de feuilles de coriandre fraîche

1 Mettez les raisins secs dans un bol, couvrez d'eau frémissante et réservez.

2 Faites chauffer l'huile d'olive dans une petite poêle à feu moyen. • Pressez une gousse d'ail au presse-ail, ajoutez la pulpe et le jus de l'ail dans la poêle et laissez cuire quelques secondes, en remuant constamment, jusqu'à ce que l'ail libère ses arômes. • Ajoutez la dinde. • Salez, poivrez, couvrez et laissez revenir 3 à 4 minutes sur chaque face, jusqu'à ce que la viande soit cuite (mais pas dure comme de la semelle).

3 Dans un bol, mettez 2 cuillerées à soupe de yaourt, le fromage, 1 cuillerée à café de poudre de curry et le jus de citron et mélangez le tout à la fourchette. • Pressez l'autre gousse d'ail, incorporez-en la pulpe et le jus dans la préparation au yaourt. • Au besoin, ajoutez un peu plus de yaourt pour obtenir une texture crémeuse. • Salez, poivrez et mélangez à nouveau. Goûtez et rectifiez l'assaisonnement.

4 Découpez la dinde en bouchées et mélangez-les à la préparation au yaourt. • Ajoutez aussi les jus de cuisson de la poêle. • Égouttez soigneusement les raisins secs et incorporez-les dans la préparation.

5 Coupez la baguette en deux demi-baguettes. • Ouvrez chaque demi-baguette en la coupant horizontalement sans séparer les deux morceaux. • Tapissez l'intérieur de mesclun, garnissez de garniture à la dinde, et saupoudrez de feuilles de coriandre. • Refermez les sandwichs et servez immédiatement, ou enveloppez-les soigneusement et gardez au frais quelques heures. • Sortez-les une demi-heure avant de les manger.

Variante

Ajoutez de tout petits morceaux d'ananas frais ou des amandes effilées grillées à sec ; utilisez du seitan ou du tofu fumé à la place de la dinde ; remplacez les raisins secs par des abricots séchés coupés en petits dés.

Accord vin

Pierre Sparr 2003 Alsace One (France, Alsace, blanc).
Si le fruité de cet assemblage souligne le goût des raisins secs avec des saveurs de melon et de poire, sa vivacité citronnée parvient tout de même à tenir tête au curry. Servez bien frais.

Tartine de champignons au cantal

“

Depuis la simple tranche de pain que l’on couvre de beurre et de confiture pour le petit déjeuner, la tartine a évolué en un plat principal très apprécié, qui figure à la carte de nombre de petits restaurants parisiens. Cette tartine de deuxième génération consiste en une ou deux grandes tranches de pain surmontées de divers ingrédients salés, qui forment ainsi une sorte de sandwich ouvert, clin d’œil hypothétique aux tables médiévales, sur lesquelles le pain faisait office d’assiette.

Une idée aussi flexible que celle-ci ouvre la porte à d’infinies variations, mais il faut la manipuler avec précaution, et utiliser une combinaison raisonnée d’ingrédients : improviser une tartine avec les restes trouvés au hasard dans le réfrigérateur a autant de chances de rater que de réussir. La tentation est tout aussi grande d’empiler une myriade d’ingrédients (plus on est de fous, etc.) mais, comme le dicte la règle d’or de la cuisine, trop de goûts tuent le goût.

La qualité du pain est d’une importance capitale : on préfère un pain rustique ou au levain, telle la fameuse miche Poilâne, mais n’importe quel pain fera l’affaire, du moment qu’il est frais et savoureux. Idéalement, sa mie devra être assez serrée, pour éviter que les ingrédients ne tombent dans les trous. Une épaisseur de 1 cm ou de 1,5 cm donnera de bons résultats ; on peut faire griller les tranches et les frotter d’ail si on veut.

Le pain sera d’abord recouvert d’une couche de quelque chose d’humide (beurre, tapenade, pesto, houmous, caviar d’aubergine, fromage frais, ou tout type de fromage qui fondra bien au four) pour donner du moelleux à l’ensemble et maintenir en place le reste des ingrédients, que l’on disposera par-dessus, aussi joliment que possible.

La tartine peut être dégustée à température ambiante ou chaude, après quelques minutes sous le grill du four. On la rencontre le plus souvent au bras d’une petite salade verte, mais il m’est arrivé de l’apercevoir en compagnie d’autres préparations légumières, une ratatouille par exemple (page 170). Il faudra dans tous les cas privilégier un accompagnement simple et léger, qui ira bien avec le thème de la tartine, mais ne tirera pas trop la couverture à lui. Vous pouvez servir vos tartines sur de simples assiettes, mais des planchettes en bois seront du plus bel effet.

Simplicité

Tartine de champignons au cantal

Pour 2 personnes

Ingrédients

- 1 c.c. d'huile d'olive plus 1 c.c. pour huiler le papier d'aluminium
- 2 gousses d'ail, l'une finement émincée et l'autre coupée en deux
- 2 échalotes, finement émincées
- 350 g de champignons de Paris frais, sans les pieds, brossés et émincés
- sel fin et poivre du moulin
- 2 tranches de pain de campagne ou pain au levain de 1 cm d'épaisseur, environ 70 g chacune
- 40 g de cantal (de tomme, de beaufort ou de comté)
- 2 c.s. de persil plat frais grossièrement haché
- 1 c.c. de zeste de citron (bio de préférence) finement râpé

Cantal

- Le cantal est un des plus anciens fromages français : on retrouve sa trace dans des textes qui datent de plus de deux mille ans. C'est un fromage de vache, à pâte pressée et non cuite, qui est produit en Auvergne. Il est à la fois ferme et fondant, légèrement piquant, avec un goût fruité et des arômes de noisettes. Il est délicieux en copeaux dans une salade, et il fond très bien pour une fondue ou sur une tartine.
- On peut aussi opter pour un de ses cousins, le salers ou le laguiole.

1 Faites chauffer 1 cuillerée à café d'huile d'olive dans une poêle sur feu vif. • Ajoutez l'ail émincé (réservez la seconde gousse) et l'échalote et laissez cuire 2 minutes en remuant régulièrement, sans colorer. • Ajoutez les champignons, salez, poivrez puis abaissez la température à feu moyen. • Couvrez et poursuivez la cuisson 3 minutes. • Retirez le couvercle et laissez cuire encore 3 minutes jusqu'à évaporation des jus de cuisson. • Goûtez et rectifiez l'assaisonnement.

2 Faites griller le pain légèrement et frottez-le avec les deux moitiés de la gousse d'ail. • Chemisez la plaque du four de papier d'aluminium, huilez avec 1 cuillerée à café d'huile d'olive et préchauffez le four en mode gril.

3 Détaillez le fromage en copeaux à l'aide d'un épluche-légumes, et disposez-les sur le pain. • Recouvrez de la préparation aux champignons et mettez les tartines sur la plaque du four. • Passez au gril 3 à 5 minutes, en surveillant bien, jusqu'à ce que le fromage ait fondu. • Parsemez de persil haché et de zeste de citron et servez sans attendre.

Variantes

On peut mettre un bon parmesan à la place du cantal et utiliser d'autres variétés de champignons, comme des cèpes ou des pleurotes.

Accord vin

Côtes-du-rhône rouge 2003, Perrin Réserve (France, Côtes-du-Rhône, rouge). Un vin modérément corsé, aux tannins bien structurés et au nez de fruits noirs et de poivre noir, avec des accents charnus et une pointe acidulée. Un bourgogne formerait aussi un bel accord, quoique plus coûteux.

Sandwich de dinde au curry — PAGE 38

Pan bagnat
PAGE
44

Pan bagnat

“

Baptiser un sandwich « pain mouillé » – car c'est ce que pan bagnat veut dire dans le dialecte niçois – n'est peut-être pas la manœuvre la plus habile de l'histoire du marketing. Mais écartons d'emblée toute image de sandwich détrempé par un trop long séjour au fond de la glacière. Le pain n'est pas ici imbibé par l'action d'une gourde mal fermée, mais grâce à une bonne dose d'huile d'olive et au jus sucré d'une tomate bien mûre.

Le pan bagnat n'est ni plus ni moins qu'une salade niçoise blottie dans un petit pain, et une simple bouchée permet de comprendre ce qui fait de ce sandwich, si éclatant de saveurs estivales, l'enfant chéri de la cuisine provençale. Conçu à l'origine pour servir de casse-croûte aux pêcheurs et aux travailleurs qui se levaient de bonne heure, il faisait appel à des ingrédients pléthoriques et bon marché, et à du pain qui n'avait pas besoin d'être de première fraîcheur, puisqu'il aurait la matinée pour reprendre ses esprits en s'abreuvant des sucs de la garniture.

Comme nombre de spécialités qui ont voyagé bien au-delà de leur berceau régional, le pan bagnat est régulièrement victime de la désinvolture des hommes et de leurs erreurs d'interprétation ; c'est du moins le point de vue des puristes. Ces derniers arguent que dans la recette originale ne figurent que des anchois (le thon est toléré, mais tout juste, car c'était un ingrédient coûteux jusqu'au début du vingtième siècle) et des légumes crus, à l'exclusion de tout autre ingrédient fantaisiste.

En plus des tomates et des oignons nouveaux (idéalement, des cébettes), notre concile de puristes certifiés autorise l'usage du mesclun, de jeunes cœurs d'artichaut, du concombre, de ces petites fèves qu'on appelle fort logiquement « févettes », des poivrons et des radis. Mais les légumes grillés ou cuits de quelque autre façon n'ont pas droit de cité et, quoi qu'il advienne, la mayonnaise est strictement prohibée.

Candidat idéal pour un pique-nique ou un déjeuner à emporter, le pan-bagnat aime se reposer quelques heures avant la dégustation : les saveurs ont ainsi le temps de faire connaissance et de découvrir tout ce qu'elles ont en commun.

Pan bagnat

Pour 2 personnes

Ingrédients

- 2 petits pains ronds à la croûte tendre, de 10 à 12 cm de diamètre, de type focaccia (on peut aussi utiliser de la baguette, même si ce n'est pas très traditionnel)
- Huile d'olive
- 2 belles tomates
- 2 gousses d'ail
- sel fin et poivre du moulin
- vinaigre de vin rouge
- 2 oignons nouveaux, finement émincés
- 1 œuf dur, écalé et coupé en tranches (facultatif)
- 8 grosses olives noires de type Kalamata, en vrac ou en bocal, égouttées, dénoyautées et coupées en deux
- 100 g de filets d'anchois à l'huile d'olive, épongés et coupés en deux (ou 100 g de thon en boîte soigneusement égoutté)
- 8 feuilles de basilic frais, déchirées en lamelles
- 2 poignées de mesclun, environ 20 g

Temps de repos

2 heures minimum

1 Ouvrez les petits pains en deux. • Humidifiez les quatre moitiés d'un filet d'huile d'olive. • Découpez le cœur des tomates, émincez-les finement en gardant le jus et les pépins et disposez-les sur les moitiés inférieures des pains. • Écrasez les gousses d'ail au presse-ail (ou émincez-les finement) et étalez la pulpe sur les tomates. • Assaisonnez d'un peu de sel, de beaucoup de poivre et d'un trait de vinaigre. • Ajoutez les oignons nouveaux, l'œuf, les olives, les anchois et le basilic. • Disposez le mesclun par-dessus et refermez les petits pains pour former des sandwichs.

2 Enveloppez soigneusement les pans-bagnats dans du film alimentaire et laissez reposer dans un endroit frais 2 à 12 heures avant de servir. (La douce fraîcheur d'un cellier est préférable, mais le bac à légumes du réfrigérateur fera l'affaire.) • Ramenez les sandwiches à température ambiante avant de les manger.

Accord vin

Pinot Grigio-Verduzzo 2004 Masi Masianco (Italie, Frioul-Vénétie-Julienne, blanc).
Frais et vif comme la plupart des pinots Grigio, ce vin présente une légère acidité qui convient bien aux tomates. Ses notes d'agrumes et de minéraux soulignent le goût salin des anchois et des olives, tandis que le cépage local Verduzzo lui donne de la complexité et du soyeux en bouche.

Club sandwich sardine et tomate

“

Le club sandwich procure une satisfaction unique en son genre.

L'idée du double étage ne peut avoir germé que dans l'esprit d'un génie – deux sandwiches pour le prix d'un – et sa forme triangulaire en fait un délice à manger. Ma stratégie consiste à mordre les coins en premier de façon à garder le cœur pulpeux pour la fin, mais c'est une affaire de goût.

Le club classique est garni de bacon, de poulet (parfois remplacé par de la dinde), de tomate, de salade et de mayonnaise, mais j'aime élaborer de nouvelles formules autour du concept initial. Dans la version suivante, chaque étage est tartiné de fromage frais et de confit de tomate, avant d'être garni de sardines et de roquette. Poivré et fumé, mordant et généreux, c'est une merveille pour le déjeuner.

Club sandwich sardine et tomate

Pour 2 personnes

Ingrédients

- 1 c.s. d'huile d'olive vierge extra
- 2 échalotes finement émincées
- 1 gousse d'ail finement émincée
- 1 boîte moyenne (400 g) de tomates entières pelées, égouttées et hachées
- 1/4 de c.c. de paprika doux fumé ou de piment d'Espelette
- 1/4 de c.c. de sel fin
- 1/4 de c.c. de poivre du moulin
- 1/4 c.c. de cassonade
- 1 boîte de 120 g de sardines à l'huile d'olive (ou de thon)
- 6 grandes tranches de pain de mie aux céréales
- 60 g de fromage de chèvre frais, de ricotta ou de fromage frais
- 2 poignées de roquette (de mesclun ou de pousses d'épinard), environ 20 g

Le paprika fumé

- Le paprika fumé est une spécialité d'Estrémadure, une région située au sud-ouest de l'Espagne. Les piments sont fumés lentement au-dessus d'un feu de chêne, avant d'être réduits en une poudre extrafine.
- Ce condiment, qui ne manque pas de caractère, peut s'utiliser d'innombrables façons. Il se décline en trois degrés de force : doux (*dulce*) comme celui qu'on suggère ici, aigre-doux (*agridulce*) ou fort (*picante*).
- On le trouve en épicerie fine ou sur Internet. Le véritable *pimentòn de la Vera* est protégé par une A.O.C. : sur la boîte doit figurer la mention « Denominaciòn de origen ».

1 Faites chauffer l'huile dans une petite casserole à feu moyen. • Ajoutez les échalotes et l'ail et faites revenir 2 minutes en remuant régulièrement. • Incorporez les tomates, le paprika fumé, le sel, le poivre et la cassonade. • Laissez cuire 30 minutes à feu doux et à découvert, en remuant de temps en temps, jusqu'à ce que le mélange soit bien épais. • Transférez cette préparation dans un bol et laissez refroidir. (On peut préparer le confit la veille. On peut aussi le passer au mixeur et l'utiliser comme un dip.)

2 Égouttez les sardines et épongez-les avec du papier absorbant. • Hachez-les grossièrement à la fourchette et divisez-les en quatre parts égales. • Découpez la croûte du pain et jetez-la (ou laissez-la sécher une journée avant d'en faire de la chapelure) puis toastez les tranches.

3 Assemblez chaque sandwich avec trois tranches de pain, en tartinant chaque étage de fromage frais et de confit de tomates, et en le garnissant de sardines et de roquette. • Avec un couteau à pain, coupez chaque sandwich en deux triangles et plantez une pique en bois dans chaque moitié. • Servez les sandwiches immédiatement, ou emballez-les dans du film alimentaire et trouvez-vous un coin de verdure pour les déguster.

Accord vin

Crianza rioja 2001, Marques de Arienzo (Espagne, Rioja, rouge).

Le rioja a des affinités régionales certaines avec le paprika fumé et le crianza est un rioja léger qui se marie bien avec les sardines. C'est un vin aux arômes simples, avec une dominante de cerise suivie de notes vanillées et légèrement fumées. Son acidité s'accorde bien avec les tomates.

Tartine de champignons
au cantal
PAGE
40

Club sandwich sardine et tomate
PAGE
46

BAIES ROSES
Lyophilisées
Poivre

Tartes salées

Pâte brisée

“

Les rayons des supermarchés offrent une multitude de raccourcis pour qui veut faire une quiche sans perdre une minute : pâte brisée ou pâte feuilletée, au beurre ou à la margarine, pré-étalée ou en pavé, fraîche ou surgelée… La pâte à tarte industrielle est une solution honorable (en version pur beurre, c'est mieux) si vous n'avez ni le temps ni l'envie de la faire vous-même. C'est ce dont je me suis servie pendant des années sans que personne jamais ne s'en plaigne, jusqu'à ce qu'un jour je m'essaie pour la première fois à la pâte brisée maison.

La tâche s'est avérée bien plus facile que je ne l'imaginais, et tous les goûteurs en sont convenus : la saveur et la texture étaient incomparables. J'achète toujours de la pâte toute faite quand je suis pressée, mais voici la recette que j'utilise lorsque j'ai le temps de la préparer.

Simplicité

Pâte brisée

Pour un moule à quiche de 25 cm de diamètre

Ingrédients

- 200 g de farine
- 1/2 c.c. de sel fin
- 125 g de beurre doux bien froid, coupé en dés
- 1 œuf, légèrement battu
- eau glacée

Variantes

Parfumez la pâte de 1 cuillerée à soupe d'herbes séchées (romarin, thym, origan), de 1/2 à 1 cuillerée à café d'épices moulues (noix de muscade, gingembre, cumin) ou de 30 g de fromage râpé (parmesan en particulier). Incorporez ces ingrédients à la farine avant de commencer.

1 Si vous travaillez au robot, mélangez la farine, le sel et le beurre dans le bol du robot. • Mixez à petite vitesse environ 10 secondes jusqu'à ce que le mélange prenne une consistance de chapelure. • Ajoutez l'œuf et mixez à nouveau quelques secondes jusqu'à ce que la pâte forme une boule. • Si la pâte est trop sèche, ajoutez un peu d'eau glacée, 1 cuillerée à café à la fois, et mixez par impulsion jusqu'à ce qu'elle s'amalgame. • Transférez la pâte sur un plan de travail légèrement fariné et mettez-la en boule, sans pétrir. • Passez à l'étape 2.

1 bis Si vous travaillez à la main, mettez la farine dans un saladier. • Ajoutez le sel et le beurre, et travaillez ces ingrédients du bout des doigts ou au coupe-pâte jusqu'à ce que le mélange prenne une consistance de chapelure. • Formez une fontaine au centre, ajoutez l'œuf dedans et mélangez doucement à la fourchette. • Quand l'œuf est presque absorbé, pétrissez la pâte à la main jusqu'à ce qu'elle s'amalgame. • Si elle est trop sèche, ajoutez un peu d'eau glacée, 1 cuillerée à café à la fois, pour qu'elle forme une boule. • Veillez à ne pas trop la pétrir. • Passez à l'étape 2.

2 Aplatissez légèrement la boule de pâte. Enveloppez-la de film alimentaire et réservez au réfrigérateur 30 minutes, ou jusqu'à une journée. • Sortez-la du réfrigérateur un peu avant de l'utiliser, juste assez pour pouvoir abaisser la pâte sans qu'elle ne se brise : comptez plus ou moins 10 minutes, en fonction de la chaleur et de l'humidité. (Cette pâte se conservera un mois au congélateur).

3 Farinez légèrement votre plan de travail et votre rouleau à pâtisserie. • Déposez la boule de pâte devant vous et passez le rouleau deux ou trois fois dessus en exerçant une pression modérée. • Tournez votre abaisse d'un quart de tour et passez le rouleau à nouveau deux ou trois fois. • Répétez ces étapes jusqu'à ce que l'abaisse forme un cercle assez grand pour chemiser votre moule. • Farinez de nouveau le plan de travail et le rouleau dès que la pâte commence à coller.

Quiche oignon et cumin

“

Ah, la quiche, ce fleuron des tables françaises, de nos pique-niques et de nos buffets ! Les modes culinaires se font et se défont, mais celle-ci tient bon. Peut-être pas aussi fraîche qu'au premier jour, mais bonne fille, et toujours appréciée.

La quiche, pour mériter son nom, doit être dotée de ce mélange œufs-crème-lait que l'on appelle « appareil à quiche » et que les Lorrains appellent « migaine », bien qu'ils soient chatouilleux sur la question du lait.

Mais c'est plus généralement la catégorie des tartes salées – avec ou sans migaine – qui ne se départ pas de son électorat de base, et qui est toujours autant utilisée comme support de créativité. Car au-delà de la quiche lorraine, mère de toutes les quiches, la scène est ouverte à toutes les improvisations en fonction de ce qu'offrent la saison et le réfrigérateur. C'est pourtant celle qui suit, une quiche aux oignons exaltée par les notes grillées du cumin, qui m'a valu les plus belles demandes en mariage.

Quiche oignon et cumin

Pour 4 à 6 personnes en plat principal, pour 8 à 10 personnes en entrée

Ingrédients

- Pâte brisée (page 52 ; on peut aussi utiliser un rouleau de pâte brisée ou feuilletée prête à l'emploi)
- 1 c.s. d'huile d'olive, plus 1 c.c. pour le moule
- 1 kg d'oignons, finement émincés
- 1/2 c.c. de sel fin
- 3 œufs
- 200 ml de crème fraîche
- 1/4 de c.c. de poivre du moulin
- 2 c.c. de graines de cumin entières, grillées à sec
- 150 g de comté fraîchement râpé

Temps de repos

30 minutes pour la pâte

Variantes

Omettez le cumin et ajoutez des petits morceaux de pancetta ou des lardons que vous aurez fait revenir pour les rendre croustillants.

Accord vin

Prosecco brut Bortolotti NV (Italie, Vénétie, blanc pétillant). La fraîcheur acidulée et les notes d'agrumes de ce vin exaltent la douceur sucrée de la fondue d'oignons et contre-balancent la voix un peu rauque du cumin.

1 Préparez la pâte brisée. • Enveloppez-la dans du film alimentaire et réservez-la au réfrigérateur 30 minutes (ou jusqu'à une journée).

2 Faites chauffer 1 cuillerée à soupe d'huile d'olive dans une grande poêle sur feu moyen. • Ajoutez les oignons, saupoudrez de 1/4 de cuillerée à café de sel, et remuez. • Couvrez, passez sur feu doux et laissez cuire 30 minutes en remuant de temps en temps, jusqu'à ce que les oignons soient fondants et translucides. • Retirez le couvercle, passez sur feu moyen et prolongez la cuisson 5 minutes, en remuant régulièrement, jusqu'à évaporation presque complète des liquides. (On peut préparer la fondue d'oignons la veille.)

3 Sortez la pâte du réfrigérateur et laissez-la reposer 10 minutes à température ambiante avant emploi. Préchauffez le four à 180 °C (th. 6). • Graissez un moule à quiche en céramique de 25 cm de diamètre avec 1 cuillerée à café d'huile d'olive. • Sur un plan de travail légèrement fariné, abaissez la pâte en un cercle de 30 cm • Transférez la pâte dans le moule, piquez le fond à la fourchette et pressez les bords du bout des doigts pour bien faire adhérer la pâte. • Enfournez 7 minutes. • Quand la pâte est légèrement dorée, sortez-la du four (sans éteindre) et réservez.

4 Battez les œufs et la crème au fouet dans un saladier. • Assaisonnez de 1/4 de cuillerée à café de sel, du poivre et du cumin. • Incorporez le fromage et les oignons puis versez cette préparation dans le moule.

5 Enfournez 35 minutes, jusqu'à ce que la quiche soit bien dorée mais encore légèrement tremblotante au centre. • Éteignez le four et laissez la quiche à l'intérieur 10 minutes, le temps que l'appareil finisse de prendre. • Servez chaud, accompagné d'une salade verte. • On peut préparer la quiche quelques heures à l'avance et la réchauffer 15 minutes au four à 180 °C pour lui redonner tout son croustillant.

Quiche oignon et cumin	PAGE 54

Tartelettes aux poivrons rouges et pignons PAGE 58

Tartelettes aux poivrons rouges et pignons

“

Il m’a fallu des années de préparation psychologique avant d’oser griller moi-même mes poivrons. J’ai toujours été grande amatrice de poivrons grillés, et je savais que le goût des poivrons maison était sans commune mesure avec celui des poivrons en bocal ni (horreur ! malheur !) celui des poivrons en boîte. Je m’étais scrupuleusement documentée sur les différentes méthodes, j’avais répertorié les trucs et les astuces, mais je n’avais jamais été témoin oculaire de la réussite d’une telle entreprise, et je n’arrivais tout simplement pas à y croire.

Bien sûr, des milliers de cuisiniers faisaient griller des milliers de poivrons chaque jour à travers le monde. Mais je ne parvenais pas à imaginer comment mes poivrons à moi, lisses et fermes comme des jouets en plastique, pouvaient soudain ramollir et s’affaisser sous leur peau noircie et crevassée. Et comme le font les gens courageux lorsqu’ils ont peur de quelque chose, je me tenais soigneusement à distance, résignée à l’usage des bocaux.

Et puis, un jour d’audace, j’ai empoigné les deux poivrons qui dormaient dans le bac à légumes et je me suis lancée. Tout s’est évidemment bien passé. C’était la chose la plus facile au monde – c’était même très amusant –, et les rubans de poivrons ainsi obtenus étaient si fondants, si parfumés, qu’on aurait juré qu’ils avaient été enduits de l’huile la plus fruitée. J’ai rejoint depuis le Club des Grilleurs de Poivrons Enthousiastes (demandez le bulletin d’adhésion), et ces tartelettes font bon usage des fruits de mon labeur. Elles peuvent aussi être préparées avec des poivrons en bocal, si vous manquez de temps ou de témérité.

Simplicité

Tartelettes aux poivrons rouges et pignons

Pour 6 personnes
en entrée
ou en plat léger

Ingrédients

- Pâte brisée (page 52 ou pâte brisée prête à l'emploi)
- 1 kg de poivrons rouges grillés maison et pelés
- 6 filets d'anchois à l'huile d'olive, soigneusement égouttés (ou 2 c.s. de câpres)
- 1/2 à 1 c.c. de Tabasco
- 3 c.s. de pignons
- 1/2 poivron rouge frais, épépiné et coupé en dés
- 2 c.s. de persil plat frais finement haché

Poivrons grillés

- Choisissez des poivrons rouges à la peau ferme et lisse. Disposez les poivrons entiers sur la plaque du four chemisée de papier d'aluminium et enfournez 35 à 45 minutes à 200 °C (th. 6-7) en les retournant toutes les 10 minutes, jusqu'à ce qu'ils soient très mous et que leur peau noircisse et forme des cloques, pauvres petits !
- Retirez la plaque du four et refermez hermétiquement le papier d'aluminium sur les poivrons ; doublez d'une autre feuille de papier d'aluminium si nécessaire. Laissez reposer 15 minutes. Ouvrez la papillote et laissez refroidir les poivrons suffisamment pour pouvoir les manipuler.
- Détachez la queue et ouvrez les poivrons en deux. Grattez les graines, retirez les petites membranes blanches avec un couteau et retirez la peau des poivrons ; elle se détache toute seule. Les poivrons grillés se conserveront plusieurs jours au réfrigérateur ; on peut aussi les congeler.

1 Préparez la pâte brisée. • Enveloppez-la dans du film alimentaire et réservez-la au réfrigérateur 30 minutes (jusqu'à une journée).

2 Épongez les poivrons avec du papier absorbant. • Mettez-les avec les anchois et le Tabasco dans le bol du robot. • Mixez jusqu'à l'obtention d'un coulis épais. • Goûtez et rectifiez l'assaisonnement.

3 Dans une petite poêle, mélangez les pignons avec 2 cuillerées à café de l'huile des anchois, et laissez dorer à feu moyen.

4 Sortez la pâte du réfrigérateur et laissez reposer 10 minutes. Préchauffez le four à 180 °C (th. 6) et chemisez la plaque du four de papier sulfurisé. • Divisez la pâte en six portions égales. • Étalez chaque portion en une fine abaisse sur un plan de travail légèrement fariné. • Utilisez un bol de 12 à 15 cm de diamètre comme emporte-pièce, en passant la pointe d'un couteau bien aiguisé le long du bord. • Disposez les six cercles ainsi découpés sur la plaque chemisée, piquez-les à la fourchette et enfournez 15 minutes, en surveillant bien la cuisson, jusqu'à ce qu'ils soient dorés.

5 Sortez les fonds de tartelettes du four. • Garnissez chaque fond de deux bonnes cuillerées à soupe de garniture aux poivrons, en laissant une fine marge tout autour. • Parsemez de pignons, de dés de poivron rouge et de persil. • Servez immédiatement, avec une salade de roquette.

Variantes

Après avoir étalé la préparation aux poivrons, garnissez les tartelettes de fines lamelles de fromage de chèvre et enfournez à nouveau quelques minutes. On peut aussi opter pour une version miniature de ces tartelettes en utilisant un verre comme emporte-pièce.

Accord vin

Touraine Clos du Tue-Bœuf « Le Buisson Pouilleux » 2004 (France, Loire, blanc).
Un sauvignon blanc non filtré remarquable. Son nez offre des arômes dominants de pêche mûre et d'agrumes, typiques de ce cépage. Cette impression persiste sur le palais, rejointe par des notes d'herbe et de terre, avec des accents de poivre et d'épices.

Quiche de brocoli à la pomme

“

Cette quiche est née un matin d’automne, au retour du marché.

Dans la montagne chancelante de mes achats – je suis toujours épatée par la contenance de mon panier – se trouvaient un palet de chèvre frais dont la chair laiteuse avait déjà trempé son emballage de papier, une tête de brocoli couleur émeraude, et des pommes minuscules qui ne payaient pas de mine mais se mangeaient comme des bonbons.

J’ai enrôlé ces trois ingrédients dans une quiche pour le déjeuner, et il est vite apparu que le chèvre et les pommes étaient d’une compagnie flatteuse pour le brocoli, dont ils équilibraient la légère amertume. Cette recette est ainsi devenue mon arme secrète pour convertir autour de moi ceux à qui le brocoli fait pousser des cris.

Quiche de brocoli à la pomme

Pour 4 à 6 personnes
en plat principal

Ingrédients

- Pâte brisée (page 52 ; on peut aussi utiliser un rouleau de pâte brisée ou feuilletée prête à l'emploi)
- 1 tête de brocoli de taille moyenne, environ 700 g, uniquement les inflorescences, rincées et détaillées en petits bouquets
- 80 ml de lait
- 80 ml de crème fraîche
- 3 œufs
- 1/2 c.c. de sel fin
- poivre du moulin
- noix de muscade fraîchement râpée
- 1 pomme de taille moyenne (royal gala, reine des reinettes) ou 2 petites, environ 200 g
- 100 g de fromage de chèvre frais, coupé en dés

Temps de repos

30 minutes pour la pâte

1 Préparez la pâte brisée. • Enveloppez-la dans du film alimentaire et réservez-la au réfrigérateur 30 minutes (ou jusqu'à une journée).

2 Faites cuire le brocoli 7 minutes à la vapeur, jusqu'à ce qu'il soit cuit mais encore ferme. • Réservez dans une passoire. Battez le lait, la crème et les œufs dans un saladier. • Assaisonnez de sel, de poivre et de noix de muscade.

3 Sortez la pâte du réfrigérateur et laissez reposer 10 minutes à température ambiante. • Préchauffez le four à 180 °C (th. 6). • Graissez un moule à quiche en céramique de 25 cm de diamètre à l'huile d'olive. • En travaillant sur un plan de travail légèrement fariné, abaissez la pâte en un cercle de 30 cm • Transférez cette abaisse dans le moule, piquez le fond à la fourchette et pressez les bords du bout des doigts pour bien faire adhérer la pâte. • Enfournez 7 minutes jusqu'à ce que la pâte soit légèrement dorée.

4 Épluchez et évidez les pommes, puis coupez-les en dés. Sortez le moule du four (sans l'éteindre). • Disposez le brocoli, les pommes et le fromage sur la pâte. • Recouvrez du mélange lait-crème-œufs et enfournez 35 minutes. • Éteignez le four et laissez-y la quiche encore 10 minutes, porte fermée, le temps que la garniture finisse de prendre.

5 Sortez le moule du four et laissez tiédir 5 minutes sur une grille. • Servez chaud, avec une salade de mâche. • On peut préparer cette quiche quelques heures à l'avance et la faire réchauffer 15 minutes au four à 180 °C pour lui redonner tout son croustillant.

Accord vin

Bourgogne blanc Domaine Tollot-Beaut 2000 (France, Bourgogne, blanc).
Corsé mais pas trop sur le chêne, ce vin présente des parfums mûrs et rôtis de pomme et de poire, avec des pointes de cannelle, de vanille et de noix de muscade. Son acidité lui confère un bel équilibre, un atout essentiel pour accompagner les plats à base d'œuf. C'est un vin riche mais harmonieux, à la finale franche.

Tarte Tatin à la tomate

“

Comme j’aime les mots tout autant que les mets, baptiser les plats que je cuisine constitue une grande part de mon plaisir. Ce nom doit rester simple – même s’il m’arrive d’emprunter, pour rire, le style alambiqué du restaurateur halluciné – et doit donner une bonne idée de la composition de la recette, tout en gardant un peu de mystère ou de fantaisie.

L’un des procédés que je préfère est l’utilisation d’un nom de dessert pour une préparation salée, et vice versa, ce qui donne au plat un petit air mutin et souligne toutes les passerelles qui peuvent être jetées entre les univers du salé et du sucré.

Cette tarte à la tomate est un bon exemple : les tomates, couronnées de chèvre et de tapenade, cuisent sous un manteau de pâte feuilletée, selon la technique qui a rendu Stéphanie et Caroline Tatin mondialement célèbres. Ceci permet à la garniture de cuire doucement, sans s’assécher ni détremper la pâte, et procure une délicieuse poussée d’adrénaline au moment de retourner la tarte pour la servir – pas d’inquiétude, elle se glissera hors du moule avec la grâce d’une jeune fille.

Tarte Tatin à la tomate

Pour 8 personnes
en entrée,
pour 4 personnes
en plat principal

Ingrédients

- Pâte brisée (page 52 ; on peut aussi utiliser un rouleau de pâte brisée ou feuilletée prête à l'emploi)
- huile d'olive
- 1 kg de tomates roma ou olivettes (ou toute autre variété ferme et pas trop juteuse)
- sel fin et poivre du moulin
- herbes de Provence
- 4 c.s. de tapenade d'olive noire, achetée toute prête ou faite maison (page 100)
- 170 g de fromage de chèvre frais
- 1 poignée de feuilles de basilic frais

Temps de repos

30 minutes pour la pâte

Variantes

Remplacez la tapenade par de la pâte de confit d'oignon, de la pâte d'anchois ou du pesto à la pistache (recette page 102). On peut aussi remplacer le chèvre par des rondelles de mozzarella de bufflonne.

Accord vin

La Nunsio 2002 Barbera d'Asti (Italie, Piémont, rouge).
Avec des saveurs de fruits rouges et noirs, c'est un vin franc qui se marie à merveille avec les recettes à dominante de tomates.

1 Préparez la pâte brisée. • Enveloppez-la dans du film alimentaire et réservez-la au réfrigérateur 30 minutes (ou jusqu'à une journée).

2 Préchauffez le four à 180 °C (th. 6) et graissez un moule à quiche en céramique de 25 cm de diamètre avec 1 cuillerée à café d'huile d'olive.

3 Coupez les tomates en deux dans le sens de la longueur et enlevez le cœur. • Passez votre pouce dans les cavités pour retirer le jus et les pépins. • Disposez les tomates en cercle dans le moule, côté peau vers le dessous. (Vous pouvez les serrer un peu car elles vont réduire à la cuisson.) • Assaisonnez de sel, de poivre, d'herbes et d'un bon filet d'huile d'olive. • Enfournez 30 minutes jusqu'à ce que les tomates soient tendres. Sortez le moule du four (sans l'éteindre).

4 Sortez la pâte du réfrigérateur et laissez reposer 10 minutes à température ambiante. • En travaillant sur un plan de travail légèrement fariné, abaissez la pâte en un cercle de 28 cm et piquez le fond à la fourchette. • Tartinez la pâte de tapenade en laissant une marge de 3 cm tout autour.

5 Découpez le fromage en copeaux et disposez-les sur les tomates dans le moule. • Transférez la pâte sur le fromage, côté tapenade vers le dessous, et bordez la pâte tout autour du moule. • Enfournez 30 à 40 minutes, jusqu'à ce que la croûte soit bien dorée.

6 Laissez refroidir quelques minutes sur une grille. • Passez un couteau sur les bords pour détacher la pâte. • Enfilez vos maniques les plus élégantes, couvrez le moule d'un plat de service, et retournez le tout avec précaution. • S'il reste quelques morceaux de tomates collés au fond du moule, décollez-les délicatement et remettez-les à leur place sur la tarte. • Servez chaud ou à température ambiante, avec une salade de mesclun. • Juste avant de passer à table, coupez les feuilles de basilic en lamelles et parsemez-les sur la tarte.

Quiche de brocoli à la pomme PAGE 60

Tarte Tatin à la tomate PAGE 62

Champignon
11,40 € de Kg
Persil
1,30 € de Boug.
Tomate olivette
7,10 € de Kg

Soupes

Soupe au pistou

“

Le pistou, cousin provençal du pesto italien, est une pâte explosive faite de basilic, d'ail, de fromage et d'huile d'olive, que l'on écrase au pilon dans un mortier. Le pistou peut s'utiliser de la même façon que le pesto, mais sa vraie vocation, c'est d'agrémenter la soupe que l'on appelle tout simplement « soupe au pistou ». C'est une soupe de légumes pleine de nuances, à laquelle on ajoute le pistou à table, à la manière d'un condiment.

La soupe au pistou était une des spécialités de ma grand-mère lorsque sa santé lui permettait encore de virevolter dans sa cuisine. Mon père l'appréciait tant lorsqu'il était petit qu'il fut surpris une nuit en pyjama devant la porte ouverte du réfrigérateur, s'étant relevé pour en reprendre juste quelques cuillerées. C'est à moi que ma grand-mère a confié son mortier en marbre bicentenaire, un trésor trouvé au fond du jardin dans la maison qu'elle et mon grand-père louèrent à Marseille en 1937. Je suis naturellement convaincue qu'il donne une saveur inimitable à mon pistou.

La soupe au pistou est traditionnellement servie en été ou au début de l'automne, quand le basilic, les haricots et les tomates sont au mieux de leur forme, mais on peut aussi la préparer en hiver, avec des haricots secs, des haricots verts surgelés et des tomates en boîte. Elle est meilleure quand on la fait la veille, mais le pistou doit être, si possible, fraîchement broyé.

Soupe au pistou

Pour 6 personnes
en plat principal

Ingrédients

Pour la soupe
- 2 c.s. d'huile d'olive
- 2 oignons, finement émincés
- 1 kg de haricots à écosser, environ 500 g une fois écossés (ou 200 g de haricots secs – blanc, tarbais ou flageolet – triés, rincés, trempés toute une nuit dans trois fois leur volume d'eau froide, puis égouttés)
- 200 g de haricots verts frais, équeutés (ou surgelés, inutile de les décongeler, mais pas en boîte)
- 4 petites carottes, coupées en rondelles
- 2 petites pommes de terre nouvelles, épluchées et coupées en dés
- 1 courgette de taille moyenne, coupée en rondelles
- 2 petits poireaux (ou 4 oignons nouveaux), émincés
- 4 tomates mûres (ou une boîte de 400 g de tomates entières pelées, égouttées), coupées en dés
- 2 feuilles de laurier
- 6 brins de thym frais (ou 2 c.c. de thym séché)
- 1/2 c.c. de sel fin
- 1/4 de c.c. de poivre du moulin
- 100 g de coquillettes

Pour le pistou
- 4 gousses d'ail
- 2 poignées de feuilles de basilic frais
- 50 g de gruyère fraîchement râpé (ou de parmesan)
- 4 à 6 c.s. d'huile d'olive

1 Faites chauffer les 2 cuillerées à soupe d'huile dans une cocotte. • Ajoutez les oignons avec 1 cuillerée à soupe d'eau et laissez cuire 10 minutes à feu moyen en remuant régulièrement pour ne pas les laisser colorer, jusqu'à ce qu'ils soient tendres et translucides. • Ajoutez les autres légumes, les feuilles de laurier et le thym. • Salez et poivrez.

2 Versez assez d'eau bouillante dans la cocotte pour recouvrir les légumes. • Quand l'eau frémit, couvrez, réduisez le feu et laissez mijoter à feu doux 1 heure 30 en remuant régulièrement pour que les légumes n'attachent pas au fond. • Ajoutez un peu d'eau si les légumes ne sont plus couverts. • Dix minutes avant la fin de la cuisson, ajoutez les coquillettes, 250 ml d'eau bouillante, et mélangez bien.

3 Préparez le pistou juste avant de servir, ou jusqu'à 2 heures à l'avance. • Pressez les gousses d'ail au presse-ail (ou émincez-les finement) et mélangez-les avec le basilic et le fromage râpé dans un mortier. • Broyez ces ingrédients à l'aide d'un mortier et d'un pilon, tout en versant l'huile d'olive en filet, jusqu'à ce que le pistou forme une pâte onctueuse. (Vous pouvez aussi préparer le pistou au mixeur, mais les saveurs seront moins prodigieuses et ma grand-mère moins fière de vous.) • Transférez le pistou dans un petit bol.

4 Servez la soupe chaude ou tiède, accompagnée du pistou, dont chaque invité mélangera 1 cuillerée dans son assiette.

Les haricots à écosser

On trouve des haricots à écosser sur les marchés en été et en automne. Certes, il faut les écosser, mais ils cuisent plus vite que les haricots secs. Ils sont aussi plus sucrés et plus croquants, avec un subtil goût de noisette. Lingot, mogette, coco, flageolet conviennent pour cette soupe.

Accord vin

Mas de Gourgonnier rosé 2003 (France, Provence, rosé).
Ce vin est plus complexe que ce qu'on attend généralement d'un rosé. C'est un vin légèrement fruité (fraise, kiwi et agrumes), avec des notes végétales qui rappellent les herbes de Provence. Il offre une fraîche acidité, avec de subtils accents de terre.

Soupe de poulet gratinée aux baies roses

“

Lorsque l’hiver pointe son nez, avec son cortège de pulls en laine et de bouillottes, ma meilleure stratégie de résistance consiste à préparer des litres et des litres de soupe, dont le double effet est de réchauffer la cuisine, pendant que la cocotte mijote, et moi-même lorsque je bois mon breuvage à petites gorgées, emmitouflée dans une étole, les mains en coupe autour du bol.

Ces jours-là, je suis particulièrement attirée par les soupes qui constituent à elles seules un repas, et celle-ci répond précisément au cahier des charges. C’est une soupe au poulet et à l’oignon, que viennent chatouiller quelques baies roses. Coiffés d’une tranche de pain et de fromage râpé, les bols font un tour sous le grill, comme pour la soupe à l’oignon traditionnelle : le dessous du pain s’imbibe de bouillon, la croûte garde tout son croustillant, et la surface, toute grésillante de fromage fondu, n’attend plus que la cuillère qui la transpercera sans peine.

Je sers cette soupe dans les bols en terre cuite que les grands-parents de Maxence nous ont donnés quand ils ont dû vendre leur maison de campagne adorée. Non seulement parce que je suis sensible à leur charme patiné, mais aussi parce que ces bols sont dotés de petites oreilles faciles à attraper lorsque je les retire du four de mes moufles dépareillées.

C’est une soupe rustique et revigorante qui fera des miracles sur un ami grippé. Vous pouvez la préparer juste avant de la manger, mais ses saveurs tireront bénéfice d’une nuit de repos.

Simplicité

Soupe de poulet gratinée aux baies roses

Pour 4 à 6 personnes
en plat principal

Ingrédients

- 1 kg de cuisses de poulet fermier
- sel fin
- 15 g de beurre doux
- 2 gousses d'ail, finement émincées
- 1 kg d'oignons, finement émincés
- 1 c.s. de farine pour épaissir le bouillon (facultatif)
- 2 feuilles de laurier
- 125 ml de vin blanc sec
- 1,5 l de bouillon de légumes ou de volaille
- 2 c.s. de baies roses séchées
- 4 à 6 tranches de pain de campagne ou de pain au levain un peu rassis, d'environ 1 cm d'épaisseur et de 40 g chacun
- 120 g à 180 g de comté ou de gruyère fraîchement râpé

Baies roses

- Bien qu'on l'appelle parfois « poivre rose », la baie rose ne fait pas partie de la famille botanique des poivres : elle pousse sur une plante d'une autre variété, cultivée en Amérique du Sud, à la Réunion et à Madagascar.
- Les baies roses sont délicatement poivrées, avec des notes fruitées et florales qui s'accordent particulièrement bien avec la volaille, le poisson, les saint-jacques et les œufs.
- Il faut les concasser juste avant de s'en servir pour libérer leurs arômes. On peut en ajouter dans les sauces et les vinaigrettes, ou pour donner un peu de piquant à un dessert, comme une mousse au chocolat, une salade de fruits rouges ou des biscuits.

1 Faites chauffer une cocotte en fonte ou à fond épais sur feu moyen. • Déposez-y les cuisses de poulet, côté peau vers le dessous. • Salez et faites dorer 3 à 4 minutes de chaque côté en remuant de temps en temps.

2 Sortez le poulet de la cocotte et mettez-le de côté sur une assiette. • Jetez l'excédent de graisse de la cocotte. • Réduisez le feu, faites fondre le beurre à feu doux, ajoutez l'ail et les oignons, salez et remuez le tout. • Couvrez et laissez cuire 25 minutes en remuant régulièrement, jusqu'à ce que les oignons soient fondants.

3 Retirez la peau des cuisses de poulet. • Une fois que les oignons sont cuits, saupoudrez-les de farine et mélangez. • Ajoutez le poulet, le laurier, le vin et le bouillon dans la cocotte. • Écrasez les baies roses dans un mortier. Réservez-en 1 cuillerée à café pour la garniture et versez le reste dans la cocotte. • Aux premiers frémissements, couvrez et poursuivez la cuisson 30 à 35 minutes, jusqu'à ce que le poulet soit cuit à point. • Laissez mijoter encore 20 minutes à découvert.

4 Préchauffez le four en position gril. • Sortez les cuisses de poulet de la cocotte et détachez la viande des os. • Jetez les os et la peau qui reste, et découpez la viande en petits morceaux. • Remettez-les dans la cocotte, mélangez, goûtez le bouillon et rectifiez l'assaisonnement. • Répartissez la soupe dans des bols ou des assiettes résistant à la chaleur, posez une tranche de pain à la surface et saupoudrez de fromage.

5 Passez les bols quelques minutes sous le gril en surveillant bien, jusqu'à ce que le fromage soit fondu et légèrement doré. • Saupoudrez des baies roses réservées et servez aussitôt : présentez chaque bol sur une serviette pliée si votre table craint la chaleur, et prévenez vos invités que les bols et la soupe sont très chauds.

Accord vin

Dr Konstantin Frank Riesling sec 2005 (États-Unis, New York, blanc).
Légèrement sucré et très facile à assortir, ce riesling offre un bel équilibre qui exalte le goût des oignons caramélisés et la saveur épicée des baies roses.

Soupe de poulet gratinée aux baies roses PAGE 70

Velouté de châtaignes
et champignons
PAGE
74

Velouté de châtaignes et champignons

“

J’ai un faible pour la châtaigne, pour les tubes de crème de marron que l’on tète comme un biberon, pour les cornets de châtaignes grillées avec lesquels on se brûle le bout des doigts en essayant de les libérer, pour les marrons glacés avalés d’une bouchée pour mieux lécher le papier.

L’aura automnale de la châtaigne, ses notes torréfiées et subtilement sucrées, font d’elle la reine des soupes à la fois élégantes et réconfortantes. Celle-ci réunit châtaignes rôties et champignons frais, meilleurs amis de la forêt.

Velouté de châtaignes et champignons

Pour 4 personnes
en plat principal,
pour 6 personnes
en entrée

Ingrédients

- 1 c.s. d'huile d'olive
- 2 petites échalotes, émincées
- 1 gousse d'ail, émincée
- 1 blanc de poireau, détaillé en tronçons de 1 cm et soigneusement rincé
- 3 c.s. d'armagnac ou de cognac (facultatif)
- 500 g de châtaignes fraîches, grillées et pelées (voir ci-dessous)
- 500 g de champignons de Paris
- 1 pincée de piment en poudre (facultatif)
- 1, 5 l de bouillon de légumes
- sel fin
- 2 c.s. de vinaigre balsamique
- quelques feuilles de persil plat frais
- poivre du moulin

Châtaignes grillées

- Choisissez 500 g de châtaignes à la coque luisante et qui paraissent bien pleines.
- De la pointe d'un couteau aiguisé, faites une incision en croix sur la face bombée de chaque châtaigne. Disposez-les sur la plaque du four et déposez un ramequin d'eau sur la plaque.
- Enfournez 20 à 30 minutes dans le four préchauffé à 200 °C, jusqu'à ce que les coques s'ouvrent et que la chair soit tendre sous la pointe d'un couteau.
- Laissez refroidir les châtaignes juste assez pour les manipuler, puis pelez la coque et la peau épaisse qui entoure la chair. Les châtaignes peuvent être grillées et pelées la veille. Pour gagner du temps, et bien que les saveurs soient alors moins vives, on peut utiliser ici des châtaignes surgelées.

1 Faites chauffer l'huile d'olive dans une cocotte sur feu moyen. • Ajoutez les échalotes, l'ail et le poireau. Laissez cuire 5 minutes, en remuant régulièrement, jusqu'à ce que les légumes soient tendres. • Déglacez la cocotte avec l'armagnac ou avec 3 cuillerées à soupe d'eau chaude (versez la liqueur ou l'eau et grattez le fond de la cocotte avec une cuillère en bois).

2 Ajoutez les châtaignes dans la cocotte et laissez cuire 4 minutes, en remuant de temps en temps, jusqu'à ce qu'elles soient légèrement dorées.

3 Réservez deux champignons pour la garniture. • Émincez les autres et mettez-les dans la cocotte. • Ajoutez le piment, versez le bouillon et salez. • Quand la soupe frémit, couvrez, réduisez le feu et poursuivez la cuisson 20 minutes.

4 Laissez refroidir la soupe quelques minutes. • Passez-la au mixeur plongeur de sorte qu'elle soit onctueuse mais qu'il reste encore quelques morceaux. • Incorporez le vinaigre balsamique, goûtez et rectifiez l'assaisonnement. (On peut préparer la soupe la veille jusqu'à cette étape.) • Réchauffez la soupe et versez-la dans des assiettes creuses. • Émincez les champignons réservés et hachez grossièrement les feuilles de persil. • Déposez une lamelle de champignon à la surface de chaque assiette, saupoudrez de persil et de poivre, et servez.

Accord vin

Pinot noir Brancott Vineyards Marlborough 2004 (Nouvelle-Zélande, Marlborough, rouge).

Les arômes de fruits noirs typiques du cépage s'accompagnent d'une légère note de terre qui se marie bien aux champignons, tandis que les accents de cacao épicé et de chêne grillé s'accordent avec les châtaignes. C'est un vin léger et fruité, faible en tanins, à l'acidité modérée.

Soupe glacée aux pousses d'épinard et crevettes

“

Les soirs d'été, lorsque la chaleur de la journée commence à peine

à se dissiper et que le soleil semble n'avoir aucunement l'intention de se coucher, il n'y a rien de tel qu'une soupe frappée pour vous rafraîchir et vous rassasier. Surtout si vous la servez dans un grand verre, comme un milk-shake salé, pour souligner ses vertus désaltérantes.

La recette qui suit est un cocktail surprenant de saveurs végétales, terrestres et marines. Vous pouvez la présenter en plat principal si votre appétit a fondu au soleil, ou bien comme entrée d'un dîner servi dans la fraîcheur du jardin. Je n'ai pas de jardin, mais je m'installe près de la fenêtre ouverte et je fais semblant.

Servez avec des grosses mouillettes de pain de campagne grillé, à tremper et à grignoter pendant que vous buvez.

Simplicité

Soupe glacée aux pousses d'épinard et crevettes

Pour 4 personnes en plat principal, pour 6 personnes en entrée

Ingrédients

- 2 c.s. d'huile d'olive
- 2 gousses d'ail finement émincées
- 6 c.s. de pignons de pin
- 240 g de pousses d'épinard
- 200 g de crevettes roses cuites et décortiquées
- 500 ml de kéfir ou de lait ribot
- sel fin et poivre du moulin
- 20 à 60 ml de lait

Temps de repos

1 heure

1 Faites chauffer l'huile d'olive dans une poêle sur feu moyen. • Faites-y revenir l'ail et les pignons en remuant régulièrement, jusqu'à ce qu'ils libèrent leurs arômes. • Ajoutez les épinards et les crevettes et laissez cuire 1 minute. • Dès que les pousses d'épinard sont « tombées », transférez le tout sur une assiette et laissez refroidir quelques minutes.

2 Mettez la préparation aux épinards et le kéfir dans le bol du robot (ou dans un saladier si vous travaillez avec un mixeur plongeur). • Assaisonnez de sel et de poivre ; mixez jusqu'à obtention d'une texture onctueuse. • Ajoutez un peu de lait, cuillerée par cuillerée, si le mélange est trop épais. • Couvrez et mettez au frais au moins 1 heure, et jusqu'à une journée. • Mélangez, goûtez et rectifiez l'assaisonnement. • Versez la soupe dans de grands verres et servez-la avec du pain grillé, du Tabasco et du jus de citron.

Variante

À la place des crevettes roses, faites revenir 500 g de gambas dans une poêle avec de l'ail et de l'huile d'olive. Réservez-en quatre ou six pour la garniture, selon le nombre de convives. Décortiquez les gambas restantes et mixez-les avec la tombée d'épinards et le kéfir comme indiqué dans la recette. Placez une gambas entière sur le bord de chaque verre au moment de servir.

Œufs

Œuf à la coque, mouillettes à l'artichaut

“

La plupart des familles ont leur petite tradition pour le dîner du

dimanche soir ; dans la mienne, c'était l'œuf à la coque. Chacun avait son coquetier attitré : le mien était une petite oie kitsch en céramique, avec une capeline à pois et un petit gilet.

J'étais facilement sujette au blues du dimanche soir – le week-end tirait à sa fin et il y avait gym au sol le lendemain matin – mais l'œuf à la coque, sa petite oie et ses mouillettes me mettaient généralement du baume au cœur.

La tradition veut que les mouillettes soient tartinées de beurre, que personnellement je préfère salé. Mais ces couverts comestibles, sans lesquels l'œuf à la coque ne serait pas tout à fait lui-même, peuvent tout aussi bien revêtir d'autres atours. La recette suivante propose une version chèvre-artichaut tellement facile que l'on peut la préparer pendant que les œufs cuisent.

Je recommande vivement l'œuf à la coque lorsque vous aspirez à un dîner d'une extrême simplicité, que vous ayez ou non besoin d'être réconforté. Il est tout aussi apprécié pour un brunch. Comme l'œuf tient ici le rôle principal, choisissez les meilleurs que vous pourrez trouver ; j'achète les miens au marché, où ils sont si frais que leur goût est presque beurré.

Œuf à la coque, mouillettes à l'artichaut

Pour 4 personnes
en plat léger

Ingrédients

- 4 œufs extra-frais, à température ambiante
- 1 bocal de 170 g de cœurs d'artichauts, soigneusement égouttés
- 45 g de fromage de chèvre frais
- 100 g environ de baguette fraîche (ou de pain de campagne en tranches épaisses)
- thym frais ou séché
- poivre du moulin

1 Remplissez une casserole avec suffisamment d'eau chaude pour couvrir les œufs. • Portez cette eau (sans les œufs) à frémissement. • Plongez délicatement les œufs dans l'eau à l'aide d'une écumoire. • Quand l'ébullition reprend, réduisez le feu et laissez frémir 4 minutes.

2 Pendant que les œufs cuisent, mettez les cœurs d'artichauts et le fromage de chèvre dans le bol du robot et mixez jusqu'à obtention d'une texture crémeuse. • (Vous pouvez aussi tartiner cette préparation sur des canapés ou l'utiliser comme un dip ; elle se conserve quelques jours au frais.)

3 Coupez la baguette en deux comme pour un sandwich. • Faites griller les tranches et tartinez-les de crème d'artichaut. • Découpez en mouillettes et saupoudrez de thym et de poivre.

4 Égouttez les œufs, installez-les dans des coquetiers, et servez avec les mouillettes.

Comment manger un œuf à la coque ?

À l'aide d'un couteau, on tapote l'œuf tout autour de son sommet le plus pointu et l'on découpe le chapeau ainsi délimité. On assaisonne l'intérieur du chapeau et l'intérieur de l'œuf d'une pincée de sel et de poivre. On évide la chair du chapeau à la petite cuillère, et on la déguste avant toute autre chose. On saisit une mouillette, on la trempe délicatement dans l'œuf qui, encore bien plein, pourra se laisser quelque peu déborder par l'émotion, et l'on croque le bout imbibé de jaune. On répète la manœuvre jusqu'à épuisement des mouillettes ou du contenu mollet de l'œuf. On reprend en main la cuillère pour déloger les derniers morceaux de blanc d'œuf, en prêtant l'oreille au timbre particulier qu'elle produit en raclant l'intérieur de la coquille. On se passe la langue sur les lèvres avant de déposer le chapeau dans l'œuf vide ; ça porte bonheur.

Piperade

“

C’est chez mon amie Laurence que j’ai fait un soir la connaissance de la piperade. À peine arrivée, guidée par le parfum miellé des poivrons et des oignons en train de confire, je me suis dirigée vers la cuisine pour proposer mon aide, laissant les autres convives au salon.

« Il n’y a pas grand-chose à faire, m’a dit Laurence en soulevant le couvercle de la sauteuse, juste à attendre, en remuant de temps en temps. » Ceci m’a donné l’occasion de fouiner dans ses placards tandis que nous évoquions les derniers faits marquants de nos vies respectives. Lorsque les légumes lui ont paru bien fondants et leurs sucs bien réduits, elle a ajouté des œufs en très grande quantité (nous étions huit et nous avions grand faim) et les a laissés prendre deux minutes à peine avant d’appeler tout le monde à table.

Dès la première bouchée, j’étais conquise. De prime abord, on pourrait penser qu’il ne s’agit là que d’une simple omelette ; on aurait tort. La piperade est bien plus que la somme de ses ingrédients. En cuisant doucement, les légumes voient leurs saveurs se concentrer et s’exalter jusqu’au seuil de la caramélisation, et l’étreinte des œufs arrive alors à point nommé.

La piperade nous vient du Pays basque et la recette originale préconise l’ajout d’une bonne pincée de piment d’Espelette ; tout autre piment de puissance modérée fera l’affaire. Elle est traditionnellement servie en entrée, mais je préfère suivre l’exemple de Laurence et la présenter en plat principal d’un petit dîner d’été, accompagnée de fines tranches de jambon de Bayonne pour taquiner son côté sucré.

Simplicité

Piperade

Pour 4 personnes en plat principal, pour 6 à 8 personnes en entrée (on peut doubler les proportions de cette recette à condition d'utiliser une très grande sauteuse)

Ingrédients

- 1 c.s. d'huile d'olive
- 2 oignons moyens, finement émincés
- 2 gousses d'ail, finement émincées
- 2 poivrons moyens (un vert et un jaune), détaillés en lanières
- 1 pincée de piment d'Espelette
- 4 tomates moyennes
- sel fin
- 1/2 c.c. de sucre (facultatif)
- 8 œufs extra-frais

1 Faites chauffer l'huile d'olive dans une grande sauteuse. • Ajoutez les oignons, l'ail, les poivrons et le piment. • Couvrez et laissez cuire 45 minutes à feu moyen en remuant de temps en temps, jusqu'à ce que les légumes soient fondants. • S'ils commencent à attacher, ajoutez 1 cuillerée à soupe d'eau.

2 Pendant ce temps, mondez les tomates : remplissez une casserole avec suffisamment d'eau pour recouvrir les tomates et faites chauffer (sans les tomates) jusqu'aux premiers frémissements. • Retirez la casserole du feu et plongez les tomates dans l'eau à l'aide d'une écumoire. • Attendez 1 minute, égouttez les tomates, laissez-les refroidir puis pelez-les. • Retirez le cœur, découpez-les en quartiers, et jetez le jus et les pépins.

3 Quand les poivrons et les oignons sont bien fondants, ajoutez les tomates, assaisonnez de sel et de sucre, et laissez cuire à découvert 20 minutes à feu moyen, jusqu'à évaporation des liquides. (On peut préparer les légumes la veille et les conserver dans un récipient hermétique au réfrigérateur.)

4 Cassez les œufs dans un saladier, salez et battez très légèrement à la fourchette, juste assez pour crever les jaunes. • Versez dans la sauteuse et laissez cuire quelques minutes à feu vif, en remuant délicatement à la spatule, jusqu'à ce que les œufs soient presque pris mais encore un peu baveux. • Servez immédiatement, accompagné éventuellement de fines tranches de jambon cru.

Œuf cocotte

« Lorsque j'avais neuf ans et que j'étais en dernière année d'école primaire, je n'avais pas classe le mercredi. Comme mes parents considéraient que j'étais assez grande pour me débrouiller toute seule, ils m'avaient délégué la responsabilité de mes déjeuners. Si mes souvenirs sont bons, cela se traduisait assez souvent par des raviolis en boîte, que j'aimais beaucoup.

C'est à cette époque que mes parents ont fait l'acquisition d'un four à micro-ondes, appareil qui exerçait sur moi une étrange fascination. Je me souviens de mon ébahissement lorsque nous y avons fait bouillir le premier verre d'eau, de la mise en garde solennelle contre l'introduction d'objets métalliques, et du feu d'artifice que j'ai provoqué quand j'ai contrevenu à cette interdiction. Il n'est pas exclu qu'il se soit agi d'une boîte de raviolis.

À ce micro-ondes était joint un livret de recettes.

Je ne connaissais alors pas grand-chose à la cuisine, mais j'ai lu le fascicule avec attention et j'ai identifié la seule chose qui me paraissait réalisable : une recette d'œuf cocotte, qui s'est dès lors relayée avec les raviolis pour me nourrir le mercredi.

L'œuf cocotte n'est ni plus ni moins qu'un œuf cuit dans un ramequin avec divers ingrédients, généralement du jambon, de la crème et, éventuellement, un peu de fromage râpé. C'est donc là la première recette que j'aie jamais suivie, la première que j'aie réalisée seule et sans surveillance. Bien sûr, le micro-ondes rend les œufs épouvantablement caoutchouteux – il leur arrivait même d'imploser si on les y laissait trop longtemps –, mais la fierté de manger un plat que j'avais moi-même cuisiné l'emportait sur ce genre de considération.

Maintenant que je suis assez grande pour me servir d'un four classique, je cuis mes œufs cocotte à la manière traditionnelle, au bain-marie. C'est une recette facile et flexible qu'on peut mettre au menu d'un déjeuner rapide ou d'un brunch, ou bien servir en entrée lors d'un dîner léger.

Œuf cocotte

Pour 2 personnes
en plat léger (on peut doubler ou tripler les proportions)

Ingrédients

- 1 noisette de beurre doux pour les ramequins
- 2 c.s. de crème fraîche
- 30 g de fines tranches de jambon cru, détaillé en lanières de 1 cm (jambon de Bayonne, d'Ardèche ou de Parme)
- 2 œufs extra-frais
- 6 tomates-cerises coupées en deux
- sel fin et poivre du moulin
- 1 c.s. de ciboulette fraîche ciselée

1 Préchauffez le four à 200 °C (th. 6-7) et beurrez deux ramequins. • Répartissez la crème fraîche et le jambon dans les ramequins. • Cassez les œufs par-dessus sans crever les jaunes. • Ajoutez les tomates, salez et poivrez.

2 Déposez les ramequins dans un plat à gratin et versez de l'eau chaude dans le plat à mi-hauteur des ramequins (ceci permet une meilleure conduction de la chaleur). • Placez le plat dans le four et faites cuire 15 à 18 minutes, selon que vous préférez les jaunes bien liquides ou un peu pris.

3 Sortez le plat du four et les ramequins du plat (attention, ils seront brûlants). • Saupoudrez de ciboulette et servez immédiatement, avec du pain frais pour saucer.

Variantes

Hormis la crème et les œufs, tous les ingrédients de cette recette peuvent être remplacés en fonction des ingrédients que vous avez sous la main : bacon, poulet, tofu fumé ; champignons (frais, ou séchés et réhydratés), poireaux ou courgettes ; et toutes les herbes ou épices que vous voulez. Vous pouvez aussi ajouter 1 cuillerée de confit d'oignon, une petite tranche de foie gras ou un peu de fromage (comté râpé, copeaux de parmesan, fromage de chèvre en dés).

Œuf cocotte PAGE 84

Frittata fève et menthe PAGE 88

Frittata fève et menthe

“ Les fèves fraîches sont facilement repérables sur les étals des marchés ; on dirait des haricots verts géants. Quand on les ouvre, les fèves elles-mêmes, ovales et d'un joli vert tendre avec une encoche plus foncée sur la hanche, sont accrochées à l'intérieur de la housse cotonneuse par une fine membrane. Elles se détachent volontiers lorsqu'on les y encourage avec le pouce.

Mais je vais être très honnête avec vous : la fève n'est pas une fille facile. Lorsque les gousses sont ouvertes et les fèves écossées, la partie n'est, hélas, qu'à moitié gagnée. En effet, à moins d'avoir mis la main sur des fèves très jeunes, la partie savoureuse se cache sous une couche de peau cireuse qu'il vous faudra éplucher pour libérer la pépite vert vif qui se cache à l'intérieur.

Cela représente un peu de travail, il est vrai, mais j'espère que vous ne vous laisserez pas décourager : d'abord parce qu'on peut préparer les fèves la veille, mais surtout parce que leur goût éclatant d'herbe fraîche, légèrement sucré, saura vous récompenser.

La frittata est une spécialité italienne : c'est une sorte d'omelette au four, mousseuse et délicate, et cette version est une bonne façon de célébrer la saison fugace des fèves au début du printemps. Une fois qu'elles sont prêtes, la frittata est rapide à préparer, et cuira tranquillement au four pendant que vous irez faire un truc important, comme vous mettre du vernis sur les ongles de pied.

La frittata se coupe en parts et se sert, aussi bien chaude qu'à température ambiante, comme plat principal pour un dîner tout simple, ou en entrée. Les éventuels restes feront un délicieux pique-nique à emporter au bureau le lendemain.

Frittata fève et menthe

Pour 4 personnes en plat principal, pour 6 à 8 personnes en entrée

Ingrédients

- 750 ml de bouillon de légumes ou de volaille (fait maison de préférence), ou 750 ml d'eau
- 700 g de fèves fraîches dans leurs cosses, écossées (ou 350 g de fèves ou de petits pois surgelés – inutile de les décongeler)
- 1 c.c. d'huile d'olive pour le moule
- 6 œufs extra-frais
- 80 ml de crème fraîche
- 100 g de fromage de brebis à pâte ferme, grossièrement râpé (ossau-iraty, manchego, pecorino romano ou feta émiettée)
- 12 feuilles de menthe fraîche hachées
- 1/4 de c.c. de sel
- noix de muscade fraîchement râpée
- poivre du moulin

1 À moins que vous ne vous soyez procuré des fèves très jeunes, il faut retirer la pellicule cireuse qui les entoure. • Pour cela, portez le bouillon à ébullition dans une casserole. • Plongez-y les fèves écossées, laissez cuire 5 minutes (6 pour des fèves surgelées) et égouttez. • À l'aide de l'ongle du pouce, entaillez légèrement la peau de chaque fève à la hauteur de sa petite encoche et pincez la peau pour la retirer. • On peut préparer les fèves la veille et les conserver dans un récipient hermétique au réfrigérateur.

2 Préchauffez le four à 220 °C (th. 7-8). • Graissez un moule à gâteau de 22 cm de diamètre avec de l'huile d'olive et chemisez le fond de papier sulfurisé.

3 Battez les œufs, la crème, le fromage et la menthe dans un saladier. • Assaisonnez de sel, d'un peu de noix de muscade et de poivre. • Incorporez les fèves, mélangez délicatement et versez cette préparation dans le moule.

4 Enfournez 25 minutes, jusqu'à ce que la surface de la frittata soit dorée et bien gonflée. • Transférez le moule sur une grille et laissez refroidir 5 minutes ; le dessus va retomber. • Démoulez la frittata et servez-la chaude ou à température ambiante, accompagnée d'une petite salade aux fines herbes. • On peut la garder au frais une journée, soigneusement enveloppée.

Allergie aux fèves

Méfiez-vous des fèves si vos convives ou vous-même êtes d'origine méditerranéenne, africaine ou d'Asie du Sud-Est : en effet, une partie de la population de ces régions, principalement des hommes, présente une anomalie génétique qui les rend gravement allergiques.

Accord vin

NIGL Grüner Veltliner Kremser Freiheit 2004 (Autriche, Basse-Autriche, blanc).
Le bouquet de ce vin est herbeux, fleuri et légèrement épicé, avec des accents de poivre blanc. Frais et peu corsé, avec une acidité modérée, il offre des arômes de menthe et de basilic thaï, l'âpreté de prunes encore vertes et une minéralité salée de pierre mouillée (eh oui !).

VINS de
PROPRIETE
CAVES DES ABBESSES
CONSOLI

Invitation

“

Ne nous méprenons pas : j’adore sortir dîner avec des amis,

mais les recevoir à la maison est un plaisir à part. L’atmosphère est plus intime, on peut choisir sa propre ambiance musicale, et s’adonner en toute liberté à des sujets de conversation dont on rougirait s’il y avait des inconnus à la table d’à côté. En contrepartie, on se prive soi-même des conversations croustillantes des autres, mais on ne peut pas gagner sur tous les tableaux.

Que vous vouliez inviter des amis pour l’apéro ou improviser un dîner en semaine, que vous organisiez un dîner plus élaboré ou une fête avec buffet, vous trouverez dans cette section des conseils et des recettes pour vous aider.

Prix 1 kg
2,20
€
Creation Bocca-Sacs Rungis
Origine

Apéro

“

L’apéro est typiquement le genre de tradition qui contribue à la réputation des Français…

…celle d'un peuple qui sait prendre le temps de vivre et de profiter des bonnes choses (surtout celles qui se mangent et se boivent).

Il est tout à fait plaisant de prendre l'apéritif dans un café ou un bar – à une terrasse, de préférence, si le temps se montre conciliant –, mais rien ne vaut un petit apéro organisé chez soi. C'est la façon la plus informelle et la plus facile d'inviter amis et nouvelles connaissances – collègue, voisin, copine du cours de dessin –, que l'on se fera fort, d'ailleurs, de mélanger.

C'est le format idéal quand on manque de temps et de place pour organiser tout un dîner, et c'est aussi le plus souple : les convives peuvent aller, venir, ou s'éclipser, et ils peuvent choisir avec qui bavarder sans être coincés à un bout de table avec votre cousin réac.

Le volet comestible de l'apéro est par essence très simple. Une seule règle : on doit pouvoir manger sans assiettes ni couverts. Ce que l'on sert dans les bars à vin est impeccable – du saucisson, du pain, des cornichons – et pour un apéritif à la maison, ça n'a pas besoin d'être plus compliqué. Une petite halte chez le traiteur italien pour acheter des légumes marinés et des olives, à la charcuterie pour une terrine de gibier ou une chiffonnade de jambon cru, un peu de fromage (pas trop costaud à l'heure de l'apéro), une baguette, et c'est plié.

C'est encore plus enfantin quand on prend soin de stocker au congélateur du pain – à faire griller pour le ranimer – et dans ses placards quelques boîtes et bocaux bien sentis. Et si ce sont des souvenirs de vacances (du foie gras des Landes, des piquillos du Pays basque, des sardines de Belle-Île, de la gelée de gewurztraminer d'Alsace), c'est encore mieux.

Mais comme j'aime bien cuisiner pour mes invités (c'est-à-dire, plus exactement, tester des recettes sur eux), je mélange généralement le « prêt à l'emploi » avec le « fait maison ».

Mousse de thon à la pomme verte

“

Lors de mes apéros, on peut être pratiquement sûr qu’il y aura au moins un dip, sous une forme ou sous une autre. La plupart sont faciles à préparer, et leur côté interactif permet aux invités de tartiner, tremper et touiller, ce qui plaît beaucoup à ceux qui ont gardé leur âme d’enfant (pensez à acheter des serviettes en papier).

Je les sers avec du pain coupé en bouchées et quelques crudités : les classiques tomates-cerises et concombres en bâtonnets, mais aussi des radis roses, des cœurs de sucrines, des champignons bien brossés, des bâtonnets crus de courgette, de fenouil ou de poivron, des lamelles de chou-rave ou de pomme… J’en étale préalablement sur quelques morceaux de pain, sinon personne n’ose se lancer, mais une fois la pompe amorcée, je laisse chacun se débrouiller.

La recette suivante utilise des ingrédients que vous avez fort probablement sous la main, et sa préparation ne demande aucun effort particulier : un petit coup de mixeur et vous obtiendrez une tartinade de thon crémeuse, rafraîchissante et légèrement épicée.

Mousse de thon à la pomme verte

Pour 250 ml

Ingrédients

- Une boîte de 190 g de thon au naturel, bien égoutté
- 1 échalote, coupée en quatre
- 1/2 pomme verte, évidée et coupée en quartiers
- 2 c.s. de jus de citron vert
- 1 poignée de feuilles de coriandre fraîche, environ 5 g
- 60 g de fromage frais, ricotta ou chèvre frais
- 1/4 à 1/2 c.c. de piment en poudre
- 1/4 de c.c. de sel fin
- 1/4 de c.c. de poivre du moulin

Temps de repos

30 minutes

1 Mettez tous les ingrédients dans le bol du robot et mixez jusqu'à obtention d'une texture onctueuse. • Goûtez et rectifiez l'assaisonnement. (On peut aussi hacher tous les ingrédients finement et les travailler à la fourchette.)

2 Laissez reposer au frais au moins 30 minutes, et jusqu'à une journée.

3 Mélangez juste avant de servir, et servez avec des petits pains suédois, des fines tranches de baguette ou des bâtonnets de légumes.

Caviar d'aubergine

"

Lorsque Maxence et moi avons emménagé dans notre appartement parisien, nous ignorions encore tout du cadeau que la vie avait glissé sous le paillasson : juste à côté, sur le même palier, vivait un couple un peu plus âgé que nous et avec qui nous nous sommes rapidement liés d'amitié.

Première rencontre à notre pendaison de crémaillère. Nous avions collé un petit mot à côté de l'ascenseur pour nous excuser de la gêne occasionnée, et inviter la cantonade à se joindre à nous pour un verre. Un nombre certain de nos nouveaux voisins sont effectivement passés, ce qui était de très bon augure et, parmi ceux-là, Stephan et Patricia.

L'invitation était rendue quelques jours plus tard par un apéro chez eux, puis une dînette chez nous, puis un café chez eux, ou peut-être un goûter chez nous, jusqu'à ce qu'on perde le fil du ping-pong dans le flou de la simplicité.

Les fenêtres de nos cuisines, mitoyennes et copines elles aussi, se sont habituées au jardin aromatique partagé et au toc-toc de la cuillère en bois qui précède un « vous voulez passer ? », un « ça vous dit d'aller dîner ? » ou un « goûte-moi ça ! »

Car Stephan est excellent cuisinier, du genre intuitif qui jamais ne pose les yeux sur une recette, et l'une de ses spécialités les plus plébiscitées est le caviar d'aubergine. J'ai toujours eu un mal fou à cuisiner les aubergines (sauf si vous les aimez spongieuses et amères, parce que ça, je sais faire) mais je tenais vraiment à reproduire ce délice-là. Stephan m'a volontiers expliqué comment il s'y prenait, et dès le premier essai, ô miracle ! j'ai réussi.

Le caviar d'aubergine est d'une texture riche et soyeuse, mais sa saveur est subtile et rafraîchissante, ce qui le rend particulièrement divin en été, lorsque la saison des aubergines bat son plein et que leur goût est au plus doux. Je sers ce caviar en apéro, j'en tartine mes sandwiches et, s'il en reste, je l'utilise pour faire la mousseline de cabillaud (page 206). Il est encore meilleur le lendemain.

Caviar d'aubergine

Pour 500 ml

Ingrédients

- 2 c.s. d'huile d'olive, plus 1 c.c. pour graisser le papier d'aluminium
- 1 kg de petites aubergines
- 2 gousses d'ail
- 2 c.c. de vinaigre balsamique
- 1 c.c. de zeste de citron bio finement râpé
- 1 c.s. de jus de citron
- 1 poignée de feuilles de persil plat frais, environ 5 g
- 1/4 de c.c. de graines de cumin entières
- 1 c.c. de sel fin
- poivre du moulin
- 1 pincée de piment en poudre

Temps de repos

1 heure pour les aubergines,
1 heure pour le caviar

1 Préchauffez le four à 180 °C (th. 6). • Chemisez la plaque du four d'une feuille de papier d'aluminium et graissez-la légèrement à l'huile d'olive. • Piquez les aubergines de toutes parts à la fourchette. • Pratiquez une petite incision dans la partie la plus charnue de deux d'entre elles et glissez-y les gousses d'ail. • Disposez les aubergines sur la plaque du four et faites-les rôtir 1 heure au four, jusqu'à ce qu'elles soient très tendres, en les retournant deux ou trois fois en cours de cuisson.

2 Sortez la plaque du four. • Entaillez chaque aubergine sur toute la longueur. • Mettez-les dans une passoire, fente vers le bas, et laissez reposer 1 heure. (On peut rôtir les aubergines la veille et les conserver au réfrigérateur dans un récipient hermétique tapissé de papier absorbant.)

3 Ouvrez les aubergines, retournez-les comme des chaussettes, pulpe vers l'extérieur, et secouez-les avec précaution au-dessus de l'évier pour égoutter leur eau. • Récupérez l'ail et la chair à la cuillère. • Jetez la peau et les pédoncules. • Dans le bol du robot, mélangez la chair d'aubergine et l'ail avec tous les autres ingrédients et mixez jusqu'à obtention d'une texture onctueuse. • Goûtez et rectifiez l'assaisonnement. Laissez refroidir 1 heure ou une nuit entière.

4 Mélangez et servez ce caviar bien frais, accompagné de tranches de baguette ou de pita grillées. • Le caviar d'aubergine se conserve jusqu'à trois jours au réfrigérateur dans un récipient hermétique.

Aubergines

La saveur d'un caviar d'aubergine est directement proportionnelle à celle des aubergines utilisées : choisissez-les petites (elles sont moins amères que leurs grandes sœurs), bien fermes et luisantes.

Variantes

On peut remplacer le jus et le zeste de citron par un zeste d'orange et 2 cuillerées à soupe de jus d'orange. Pour un goût de cumin plus marqué, faites griller à feu vif les graines 1 minute dans une poêle sèche.

Tapenade aux deux olives

"

Il y a, niché à l'arrière de la colline de Montmartre, un restaurant doté d'un ravissant jardinet où l'on peut s'installer les soirs d'été, à condition d'arriver tôt ou d'avoir de la chance. Dès que l'on s'assied à une table un peu bancale, sous les arbres, la serveuse apporte une coupelle de tapenade faite maison, accompagnée de fines tranches de ficelle grillée. Ce petit geste de bienvenue est fort apprécié : il permet à chacun de reprendre des forces tandis qu'il examine l'ardoise et s'efforce d'évaluer les mérites comparés du steak tartare et de la souris d'agneau.

La tapenade maison n'a pas grand-chose à voir avec celle que l'on achète toute faite, car les olives fraîchement écrasées déploient leurs saveurs avec beaucoup plus de vivacité. Je sers souvent en face à face une tapenade d'olives vertes et une tapenade d'olives noires, pour jouer au jeu des différences. On peut les faire au mixeur, mais si j'ai le temps, je préfère tout hacher à la main ; j'aime la texture rustique et granuleuse qu'on obtient ainsi.

Tapenade aux deux olives

Pour 125 ml de tapenade noire et 125 ml de tapenade verte

Ingrédients

- 120 g de grosses olives noires de type Kalamata, en vrac ou en bocal, égouttées et dénoyautées
- 120 g de grosses olives vertes (non farcies), en vrac ou en bocal, égouttées et dénoyautées
- 1 gousse d'ail
- 12 filets d'anchois à l'huile d'olive, égouttés
- 30 g de petites câpres, égouttées
- 2 c.c. de concentré de tomates
- 2 c.s. d'huile d'olive

Temps de repos

30 minutes

1 Avec un couteau de chef bien aiguisé, hachez séparément les olives, l'ail, les anchois et les câpres.

2 Dans un petit bol, réunissez les olives noires et la moitié de l'ail, des anchois et des câpres. • Ajoutez 1 cuillerée à café de concentré de tomates et mélangez bien à la fourchette.

3 Procédez de même avec le reste des ingrédients dans un second bol. • Couvrez et laissez reposer au frais au moins 30 minutes.

4 Servez sur des tranches de baguette grillées ou des crackers. (La tapenade se conserve une bonne semaine.)

Pesto de pistache

“

La pistache est, à mon avis, largement mésestimée. La plupart des gens ne lui associent que l'image des pistaches grillées, rances et trop salées, que l'on sert dans les cocktails et dont les coquilles s'amassent dans les cendriers. Mais la véritable pistache, la pistache nature à laquelle on n'a touché que pour la décortiquer, cette pistache-là a du panache, de la finesse et un goût délicat qui convient aussi bien aux recettes salées que sucrées.

Le pesto de pistache est une spécialité de la ville de Bronte en Sicile, où l'on cultive la pistache depuis l'époque romaine, sur les pentes de l'Etna. C'est une brillante variation sur le thème du pesto aux pignons de pin, d'un vert profond et d'une saveur subtilement sucrée.

Avec cette recette, on obtiendra un pesto bien épais, que l'on tartinera sur des rondelles de baguette, dont on farcira des tomates-cerises (un peu fastidieux, certes, mais ravissant), ou dont on agrémentera pâtes et lasagnes, sandwiches et tartes salées.

Pesto de pistache

Pour 250 ml

Ingrédients

- 125 g de pistaches décortiquées, non salées, grillées à sec
- 2 gousses d'ail finement hachées
- 1/2 c.c. de sel fin
- 1/4 de c.c. de poivre du moulin
- les feuilles d'un gros bouquet de basilic frais, environ 20 g
- 30 g de parmesan fraîchement râpé
- 80 à 120 ml d'huile d'olive

1 Dans le bol du robot ou dans un mortier, mélangez les pistaches, l'ail, le sel et le poivre. • Mixez ou écrasez au pilon. Incorporez les feuilles de basilic, le fromage et 80 ml d'huile d'olive.

2 Mixez ou travaillez au pilon jusqu'à obtention d'une texture onctueuse, en rajoutant un peu d'huile d'olive si nécessaire.

3 Goûtez et rectifiez l'assaisonnement. • Transférez le pesto dans un bocal ou dans un pot de confiture, tassez bien et refermez. • Couvert d'huile d'olive et placé au frais, il se conservera jusqu'à une semaine.

Pistaches

- Si vous ne trouvez que des pistaches salées, rincez-les soigneusement à l'eau froide dans une passoire et égouttez-les.
- Étalez-les sur une plaque à pâtisserie avec rebord et enfournez 5 à 7 minutes à 180 °C (th. 6), jusqu'à ce qu'elles soient bien sèches, en remuant à mi-cuisson.
- Laissez refroidir avant emploi.

Variantes

Utilisez des amandes et de la roquette à la place des pistaches et du basilic.

Pesto de pistache
PAGE
102

Madeleines au roquefort, à la poire et aux noix
PAGE 106

Madeleines au roquefort, à la poire et aux noix

“

Il y a du génie dans la forme de la madeleine : au-delà de son attrait purement esthétique, elle permet d'obtenir le ratio optimal entre intérieur et extérieur, et donne lieu à une gamme réjouissante de textures lorsqu'on la grignote d'un bout à l'autre.

Cette indémodable gourmandise est ici interprétée en une version salée, dans laquelle le chuchotement de la poire et la sagesse de la noix répondent à la véhémence du roquefort. On servira ces madeleines en automne ou en hiver, à l'apéritif ou en entrée, sur une salade de jeunes pousses. Et si le moule à madeleines fait défaut, un moule à muffins conviendra.

Madeleines au roquefort, à la poire et aux noix

Pour 24 madeleines

Ingrédients

- 1 noix de beurre doux pour les moules
- 150 g de farine
- 1 c.s. rase de levure chimique (1 sachet)
- 3 œufs
- 1/2 c.c. de sel fin
- 1/2 c.c. de poivre du moulin
- 2 c.s. d'huile d'olive
- 125 ml de kéfir, lait ribot ou yaourt nature non sucré
- 100 g de roquefort (ou le fromage à pâte persillée de votre choix), émietté
- 1 poire mûre, environ 220 g, pelée, évidée et coupée en dés
- 30 g de cerneaux de noix, grillés à sec et grossièrement concassés

1 Préchauffez le four à 180 °C (th. 6) et beurrez un moule à madeleines ou à mini-muffins.

2 Mélangez la farine et la levure dans un bol et réservez. • Dans un saladier, battez les œufs, le sel et le poivre. • Ajoutez l'huile, le kéfir et le roquefort, et battez à nouveau.

3 Versez la farine en pluie dans la préparation aux œufs et incorporez-la soigneusement avec une cuillère en bois, sans battre trop longtemps ; la pâte sera épaisse. • Incorporez la poire et les noix. • (On peut préparer la pâte la veille, la couvrir et la conserver au frais.) • Remplissez les moules aux deux tiers à l'aide d'une cuillère.

4 Enfournez 12 à 16 minutes, jusqu'à ce que les madeleines soient dorées et bien gonflées. • Laissez refroidir quelques minutes sur une grille. • Démoulez et servez tiède.

Canapés

“

En matière de bouchées apéritives, il est difficile de faire plus élémentaire que le canapé, cette petite tranche de pain coiffée de divers ingrédients. C'est en fait plus un concept qu'une recette précise, une toile minuscule sur laquelle jouer avec les couleurs et les saveurs, en fonction de la saison et de ce qu'on a sous la main.

Pour me faciliter la vie, je les prépare généralement avec des produits qui n'ont pas besoin d'être cuisinés, ou avec des petits restes encore en pleine forme. Et comme justement rien n'est transformé, il faut se montrer particulièrement intraitable sur la qualité des ingrédients, aussi bien pour le pain que pour la garniture.

Le canapé traditionnel se monte sur des tranches de pain de mie miniature, ce qui prête à l'ensemble une mollesse et une fadeur singulières. Je préfère donc utiliser une bonne baguette, un pain au levain, ou un de ces pains dits spéciaux (avec des olives, des herbes, des noix…) s'il me semble qu'il s'accordera bien avec la garniture.

Pour bien mettre en valeur ses petits camarades, le pain doit être finement tranché. On peut tailler la baguette de biais pour obtenir de belles tranches élancées ; les autres pains seront découpés en tranches puis en morceaux de la taille d'une bouchée. On peut frotter le pain d'ail ou d'huile d'olive, et le faire légèrement griller, sans en faire néanmoins de la biscotte ; en règle générale, si le pain est bien frais, je le laisse tel quel.

Pour qu'un canapé soit réussi, les saveurs doivent bien sûr être complémentaires, mais on doit aussi rechercher un contraste intéressant entre les textures – du crémeux, du croustillant, du ferme, du pulpeux – et une harmonie dans les couleurs. On n'empilera pas trop d'ingrédients sur une même bouchée pour éviter la cacophonie : on pourra généralement s'en tenir à deux ou trois, que l'on disposera sur le pain d'une façon aussi esthétique et stable que possible (si tout dégringole au moment de porter le canapé à la bouche, c'est que ce n'est pas stable), et l'on alignera les bouchées sur un grand plat ou une planche à découper.

Canapés

Quelques accords simples et efficaces

- Chèvre frais + jambon cru + figues
- Magret fumé + quetsches + noix concassées
- Tomate + huile d'olive + anchois marinés
- Truite fumée + artichaut
- Foie de lotte + oignon nouveau + jus de citron
- Bar cru + câpres + amandes pilées
- Fromage de brebis + chorizo + persil plat
- Escargots de Bourgogne + beurre d'escargot
- Sardines + beurre salé + cerfeuil
- Fromage frais + tapenade (page 100) + roquette
- Avocat + radis + sel fumé
- Roast-beef froid + beurre de cacahuète + basilic haché
- Pesto de pistache (page 102) + tomates confites (page 129).

Et pour déterminer les dosages adéquats pour chaque ingrédient, une seule solution : assembler, goûter, ajuster. C'est une tâche ingrate et difficile, je sais, mais il faut bien que quelqu'un s'en charge.

Gougères au cumin

“

En Bourgogne, la tradition veut que l’on accompagne les dégustations de vin de ces petits choux au fromage, pour capitonner l’estomac entre chaque vin et remettre à zéro les compteurs gustatifs.

La grâce surannée de la gougère ne doit pas faire oublier qu’elle est enfantine à réaliser, et si l’on n’a pas grand-chose d’autre à faire, c’est un bonheur que de l’observer à travers la porte du four, tandis qu’elle gonfle à vue d’œil et exhale dans la cuisine ses effluves irrésistibles. Sous sa croûte joufflue se cache un cœur de pulpe tiède, et cette texture peut créer une forte dépendance ; vous ne pourrez pas dire qu’on ne vous a pas prévenu.

Les gougères classiques sont simplement parfumées au fromage, mais j’aime bien leur ajouter des graines de cumin, pour chatouiller le fruité du comté. Elles sont vite englouties à l’heure de l’apéro, et on peut aussi les faire en version maxi – une dizaine de centimètres de diamètre – à servir en entrée, sur une salade de pousses d’épinard.

Gougères au cumin

Pour 40 gougères environ

Ingrédients

- 75 g de beurre doux, coupé en dés
- 1/2 c.c. de sel fin
- 150 g de farine
- 4 œufs
- 1 c.c. de graines de cumin entières, grillées à sec (ou 1/2 c.c. de cumin moulu)
- 1/4 de c.c. de poivre du moulin
- 150 g de comté fraîchement râpé

Temps de repos

30 minutes

Variantes

Remplacez le cumin par du carvi, du romarin ou du paprika, ou bien préparez les gougères nature, sans épices ni aromates.

1 Mesurez tous les ingrédients avant de commencer. • Mélangez le beurre, le sel et 250 ml d'eau dans une casserole et faites chauffer à feu moyen. • Aux premiers frémissements, retirez la casserole du feu, ajoutez la farine en une seule fois, et mélangez énergiquement à la cuillère en bois jusqu'à complète incorporation. • Remettez la casserole sur le feu et continuez de remuer jusqu'à ce que le mélange forme une boule qui se détache des parois de la casserole.

2 Laissez refroidir 3 minutes. • Ajoutez les œufs un par un, en remuant bien après chaque œuf. (Ce que vous venez de faire s'appelle une « pâte à choux ».) • Ajoutez le cumin et le poivre, et incorporez le fromage. La pâte sera épaisse. • Couvrez et laissez reposer au frais 30 minutes, ou jusqu'à une journée.

3 Préchauffez le four à 200 °C (th. 6-7) et chemisez la plaque du four de papier sulfurisé. • Sortez la pâte du réfrigérateur. • À l'aide de deux petites cuillères, formez des noix de pâte et déposez-les sur la plaque du four en laissant un peu de marge entre chaque. • Si vous devez faire plusieurs fournées, couvrez la pâte qui reste et remettez-la au frais.

4 Enfournez 20 minutes jusqu'à ce que les gougères soient gonflées et dorées – résistez à la tentation d'ouvrir le four pour y jeter un coup d'œil, sinon les gougères ne gonfleront pas autant. • Éteignez le four, entrouvrez légèrement la porte et laissez reposer 5 minutes de plus. (On empêche ainsi une chute brutale de température, qui risquerait de faire retomber les gougères.) • Faites refroidir les gougères 5 minutes sur une grille avant de les servir, tièdes ou à température ambiante.

Note

Vous pouvez conserver les gougères un mois au congélateur, et les faire réchauffer 10 minutes au four à 180 °C (th. 6), sans décongélation. Elles ne seront pas aussi moelleuses que des gougères fraîches, mais elles vous rendront bien service en cas de visite surprise d'un invité de marque.

Allumettes noisette et thym

“

Au cours des dernières années sont apparus de nouveaux types d’événements gastronomiques : des vernissages dont le buffet est assorti aux œuvres exposées, des dégustations organisées dans des endroits insolites, des chefs de renom qui descendent dans la rue ou sur les marchés pour cuisiner, des expositions de sculptures comestibles qui finissent dans l’estomac des visiteurs… Ces initiatives naissent de l’envie de dédramatiser la gastronomie en la présentant sous un jour ludique, et l’accueil du public est pour le moins enthousiaste.

J’ai eu l’occasion de prendre part à quelques événements de ce genre. L’un d’entre eux se tenait dans un grand magasin parisien, dans lequel ma coéquipière Marion Chatelain et moi-même avons organisé une série de dégustations baptisées « bar à veloutés ». Nous y servions un assortiment de soupes salées et sucrées, ainsi que des accompagnements à tremper ou à saupoudrer, pour que les visiteurs puissent composer eux-mêmes leurs mariages de saveurs et de textures.

Ces événements requièrent plus d’organisation et de logistique qu’on ne pourrait l’imaginer, mais ce sont toujours des expériences agréables et instructives, puisqu’on a l’occasion de voir de près la réaction des goûteurs et de recueillir leurs impressions. La plupart des gens se montrent intrigués et souriants (mis à part quelques indélicats, mais ceux-là sont tout aussi divertissants), et les plats sont vidés en moins de temps qu’il n’en faut pour le dire – un phénomène universellement constaté quand il s’agit de nourriture gratuite.

Parmi les touillettes comestibles que nous avons créées pour notre bar à veloutés figuraient ces crackers allongés – croustillants, parfumés, et avalés en deux bouchées. J’en étais tellement ravie que je les ai immédiatement ajoutés à mon répertoire personnel : ils font depuis de fréquentes apparitions lors de mes apéros et ont toujours leur petit succès.

Allumettes noisette et thym

Pour 80 crackers environ

Ingrédients

- 120 g de farine
- 60 g de beurre doux bien froid
- 45 g de parmesan fraîchement râpé
- 90 g de noisettes décortiquées avec peau, grillées à sec et hachées très finement
- 2 c.c. de thym séché (ou 4 c.c. de thym frais, haché)
- 1 c.c. de fleur de sel
- 1 œuf
- 1 jaune d'œuf pour dorer la pâte

Temps de repos

30 minutes

Fleur de sel

- Certaines recettes de ce livre utilisent de la fleur de sel, un sel de mer récolté à la main à la surface des marais salants. La fleur de sel se présente sous la forme de cristaux humides et délicats, à la saveur douce et presque fleurie.
- On ne se sert pas de la fleur de sel pour la cuisson des aliments – le sel fin est plus économique – mais plutôt en sel « de finition », au moment du service.
- La fleur de sel se prête également bien à la pâtisserie : on peut en mettre dans les crackers, les biscuits, et les fonds de tarte, dans lesquels ses cristaux restent délicieusement perceptibles et procurent des microdécharges salées qui gardent les papilles en éveil.

1 Dans un saladier, travaillez la farine et le beurre du bout des doigts jusqu'à ce que le mélange prenne une consistance de chapelure. • Ajoutez le fromage, les noisettes, le thym et 1/2 cuillerée à café de sel. • Mélangez bien. • Formez une fontaine au centre, cassez l'œuf dedans et incorporez-le à la fourchette. • Une fois l'œuf absorbé, rassemblez la pâte et pétrissez légèrement jusqu'à ce qu'elle forme une boule. • La pâte doit être assez souple pour être étalée au rouleau. Si elle est trop sèche, ajoutez un peu d'eau froide, 1 cuillerée à café à la fois, pour obtenir la consistance souhaitée.

2 Divisez cette pâte en deux boules, enveloppez-les de film alimentaire et laissez reposer au frais 30 minutes, ou jusqu'à une journée. (Si vous la laissez plus de 2 heures au réfrigérateur, sortez-la environ 15 minutes avant emploi, sinon elle sera trop dure pour être étalée.)

3 Préchauffez le four à 180 °C (th. 6) et chemisez la plaque du four de papier sulfurisé.

4 Sortez une boule de pâte du réfrigérateur. • Abaissez-la sur un plan de travail bien fariné en un rectangle d'environ 15 cm par 20 cm, et de 0,5 cm d'épaisseur. • Battez le jaune d'œuf dans un bol avec 1 cuillerée à soupe d'eau froide. • Badigeonnez légèrement la pâte de ce mélange et saupoudrez de 1/4 de cuillerée à café de fleur de sel.

5 Disposez la pâte de telle sorte que le grand côté soit face à vous. • Avec un couteau bien aiguisé, découpez des bandes verticales d'environ 0,5 cm de largeur. • Coupez le rectangle de pâte en deux horizontalement de façon à obtenir des bâtonnets de 8 cm de long. • Transférez-les sur la plaque du four, en les séparant de 1 cm les uns des autres. • Procédez de même avec la seconde boule de pâte.

6 Enfournez 13 à 16 minutes, jusqu'à ce que les crackers soient bien dorés. • Transférez sur une grille et laissez refroidir complètement. Ils se conserveront une semaine à température ambiante, dans un récipient hermétique.

Canapés

PAGE
108

Gougères au cumin PAGE 110

pour 3€

Impromptu

“

En matière de dîners comme dans la vie en général, je milite en faveur de la spontanéité, de l’improvisation…

…et des décisions de dernière minute. Rien ne me remplit plus de joie que d'avoir un ami au téléphone dans l'après-midi et de lui proposer comme ça, en passant, de venir dîner le soir même. Une fois l'invitation lancée, je dois admettre que j'ai un peu de mal à me concentrer sur quoi que ce soit d'autre, trop occupée à dresser mentalement l'inventaire de mon réfrigérateur et à imaginer un menu facile et rapide.

Par chance, j'ai dans ma manche quelques-uns de ces plats qui ne nécessitent ni trop d'achats ni trop de temps. Certains se préparent sans aucune cuisson, tandis que d'autres doivent passer un moment sur le feu, mais c'est autant de temps que je peux mettre à profit pour dresser la table ou délocaliser frénétiquement le bazar du salon vers la chambre.

Le menu de ces soirs-là est résolument simplifié : on commence par un apéritif et quelques bouchées rapidement assemblées (page 108), après quoi il m'arrive souvent de faire l'impasse sur l'entrée pour passer directement au plat principal (personne n'a encore porté plainte). Le dessert suit la même ligne épurée : des fraises et de la crème fouettée, des figues rôties et un fromage frais, une compote d'ananas avec des tuiles achetées à la boulangerie, une boule de sorbet sur un palet breton…

La clé du succès pour ce genre de dîner est de garder à l'esprit que tout n'a pas besoin d'être prêt quand arrivent les invités : tout le monde a conscience que vous avez d'autres responsabilités pendant la journée, et chacun appréciera votre hospitalité même si vous êtes encore en tablier au moment où l'on sonne à la porte. (D'ailleurs, il vous va à ravir.)

Carpaccio de courgette au vinaigre de framboise

« À l'origine, le carpaccio est un plat de bœuf cru et finement tranché, inventé au Harry's Bar à Venise en 1950. Il a été baptisé ainsi en l'honneur de Vittore Carpaccio, un peintre vénitien du XVe siècle qui faisait grand usage de la couleur rouge dans ses tableaux, et dont on exposait l'œuvre cette année-là. Le terme est maintenant utilisé pour nombre de plats dans lesquels figurent de fines tranches d'ingrédients crus, qu'ils soient rouges ou pas, même si cet usage en trahit quelque peu l'étymologie.

Le carpaccio suivant est une bonne façon de s'initier à la courgette crue, un délice de souplesse croquante à la saveur presque sucrée. Il vaut mieux se procurer des courgettes les plus fraîches possibles, du genre sylphides à la peau douce et à la chair ferme. À la fin du printemps et pendant tout l'été, il n'y a qu'à se baisser pour les ramasser, que ce soit au marché ou dans votre potager si vous avez la chance d'en avoir un (auquel cas vous voudrez bien m'en faire livrer une cagette, d'avance merci).

Carpaccio de courgette au vinaigre de framboise

Pour 6 personnes
en entrée

Ingrédients

- 3 courgettes moyennes, environ 600 g
- 90 g de fromage de chèvre demi-sec (en crottin ou en bûche), émietté ou en copeaux
- 2 c.s. de vinaigre de framboise (ou d'un autre vinaigre de fruit)
- 4 c.s. d'huile d'olive
- 1 c.s. de thym frais (ou 1,5 c.c. de thym séché)
- fleur de sel
- poivre du moulin

1 Émincez les courgettes finement à l'aide d'un couteau bien aiguisé ou d'une mandoline. • Disposez les tranches en cercles sur les assiettes de service (en allant de l'extérieur vers l'intérieur, les tranches se chevauchant légèrement) et parsemez-les de fromage.

2 Mélangez le vinaigre et l'huile d'olive dans un bol ; nappez-en les courgettes et le fromage. • Saupoudrez de thym, de sel et de poivre. • Laissez reposer 10 minutes à température ambiante avant de servir.

Vinaigre de framboise

- Le vinaigre de framboise est fabriqué à partir de framboises fraîches que l'on fait macérer quelques mois dans du vinaigre de vin blanc.
- En vente dans les épiceries fines, ce condiment acidulé et fruité est un élément fort prisé des collectionneurs de vinaigres. Quelques gouttes suffisent à rendre sémillantes les vinaigrettes, sauces et marinades, notamment pour du poisson ou du canard.

Variantes

Utilisez du vinaigre balsamique à la place du vinaigre de framboise, et des copeaux de parmesan ou de la feta émiettée à la place du fromage de chèvre. On peut aussi mélanger les courgettes avec les autres ingrédients dans un saladier et les servir comme une salade.

Accord vin

Cava rosé Freixenet Brut de noirs (Espagne, Catalogne, rosé pétillant).
Ce vin frais et appétissant développe des notes de fraise et de framboise. Suffisamment léger pour respecter la saveur délicate des courgettes, il a assez de vivacité et d'acidité pour tenir tête au vinaigre.

Rémoulade de céleri aux œufs de truite

“

Le céleri-rave n’est certes pas le plus glamour des légumes – il est poilu et biscornu, alors personne ne l’invite à danser –, mais une fois qu’on a fait sa connaissance, on ne le regrette pas. Il se mange aussi bien cru que cuit et, dans les deux cas, il livre une saveur élégante, tellurique et légèrement sucrée, avec des notes de fenouil et de cumin.

Il s’agit bien du bulbe racine d’une variété de céleri, mais son goût n’est que vaguement apparenté à celui du céleri en branche. Donc si vous n’aimez pas le céleri en branche, attendez un instant avant de tourner la page : je n’aime pas ça non plus, et pourtant je pourrais manger du céleri-rave tous les jours. Même au petit déjeuner, c’est dire.

Le céleri rémoulade figure en bonne place au musée des hors-d’œuvre de brasserie, tout de suite après le poireau vinaigrette et juste avant l’œuf mayo. Ce sont des plats modestes et sans gloire qui sont fréquemment massacrés, dans les cantines d’entreprise en particulier, alors qu’ils peuvent être tout à fait exquis si l’on y met un minimum de cœur.

La rémoulade traditionnelle est une sauce à base de mayonnaise ; je préfère la faire au yaourt. C’est tout aussi bon, mais plus léger. Dans la recette suivante, le céleri rémoulade sort ses habits du dimanche, avec des pluches d’aneth et un panache d’œufs de truite, ces petites bulles orangées qui pétillent d’iode.

Rémoulade de céleri aux œufs de truite

Pour 6 personnes
en entrée

Ingrédients

- 700 g de céleri-rave (une petite boule ou la moitié d'une boule moyenne)
- 200 g de yaourt nature à la grecque
- 2 c.c. de moutarde forte
- 1 c.s. de jus de citron
- 1 gousse d'ail, pressée au presse-ail ou émincée très finement
- 2 c.s. de frondes d'aneth, plus quelques brins en garniture
- sel fin et poivre du moulin
- 6 c.s. d'œufs de truite ou de saumon, environ 100 g (ou 120 g de bon saumon fumé, détaillé en petits dés)

Temps de repos

20 minutes

Céleri-rave

- La saison du céleri-rave s'étend d'octobre à avril. Il se présente sous la forme d'une boule bulbeuse d'un blanc grisâtre, aux excroissances noueuses et filandreuses.
- Choisissez-le de petite taille ou de taille moyenne, ferme au toucher, et toquez dessus pour vérifier qu'il ne sonne pas creux. S'il en sort un lutin, faites-lui vos excuses, et optez pour un autre spécimen.
- Selon la taille de votre céleri-rave, vous n'en prendrez peut-être que la moitié pour cette recette. Bien enveloppé, le reste se conservera plusieurs jours au réfrigérateur.
- Vous pourrez en faire une soupe avec des patates douces et du gingembre, le braiser dans un fond de vin blanc, ou bien, et c'est l'utilisation que je préfère, le faire cuire à l'eau et le réduire en purée avec un peu de crème fraîche et beaucoup de poivre. Dans ma famille, cette purée est servie au moment des fêtes, pour accompagner une volaille rôtie ou du boudin blanc.

1 Épluchez le céleri-rave, coupez-le en six morceaux et râpez-les comme pour faire des carottes râpées. (Ne laissez pas le céleri râpé reposer trop longtemps à l'air libre pour éviter qu'il s'oxyde.) • Mettez le céleri, le yaourt, la moutarde, le jus de citron, l'ail et l'aneth dans un grand saladier. • Salez, poivrez et mélangez le tout à la fourchette. • Goûtez et rectifiez l'assaisonnement. • Couvrez et réservez au moins 20 minutes au réfrigérateur, 1 heure si possible, au plus une journée.

2 Sortez le céleri du réfrigérateur, remuez et répartissez dans six assiettes (utilisez un cercle à entremets si vous en avez un) ou six verres transparents. • Disposez 1 cuillerée à soupe d'œufs de poisson en quenelle sur le dessus et garnissez avec les brins d'aneth réservés. • Servez immédiatement.

Variantes

On peut servir la partie céleri rémoulade de cette recette (sans les œufs de poisson) lors d'un pique-nique, ou l'emporter au bureau pour le déjeuner, avec les restes d'un poulet rôti.

Accord vin

Lucien Albrecht, crémant d'Alsace, blanc de blancs brut (France, Alsace, blanc pétillant).

Un vin léger aux bulles délicates et aux saveurs rafraîchissantes de pomme accompagnées d'une pointe d'épices et de minéraux. Sa minéralité souligne le goût salé des œufs de poisson et son acidité aiguise l'appétit, tandis que ses bulles rehaussent la saveur aigrelette et crémeuse de la rémoulade.

Papillotes de bar aux asperges

“

Parmi toutes les techniques de préparation du poisson, c’est la cuisson en papillote qui donne le meilleur ratio effet/effort. C’est tout simple : on emballe un filet de poisson dans du papier sulfurisé en compagnie de quelques ingrédients bien choisis, et on glisse le tout au four.

À l’intérieur de la papillote, c’est comme un hammam miniature : le poisson cuit doucement dans sa propre vapeur, sans sécher, et ses saveurs se mêlent voluptueusement à celles des autres baigneurs. C’est rapide, inratable, et toujours un peu théâtral au moment de servir : on apporte les pochettes surprise à table, on les ouvre devant les convives, et on les laisse s’ébaubir des arômes qui dansent jusqu’à leurs narines.

Dans la recette ci-dessous, le bar cuit sur un sommier de tronçons d’asperges, et sous une couverture crémeuse parfumée d’échalotes, de zestes d’orange et d’amandes grillées. C’est un plat printanier qui apprécie la compagnie d’un riz vapeur ou de petites pommes de terre à la peau, ratte du Touquet ou bonotte de Noirmoutier.

Le bar est un poisson de mer à la chair blanche, souple et aromatique ; on peut le remplacer par du loup de mer ou du mulet, qui sont un peu moins chers, ou par de la barbue ou du turbot si on vient de gagner au poker.

Papillotes de bar aux asperges

Pour 4 personnes en plat principal

Ingrédients

- 4 filets de bar de 120 g chacun, sans arêtes ni peau, décongelés le cas échéant
- sel fin et poivre du moulin
- 4 c.s. d'échalote finement hachée (l'équivalent de 2 petites échalotes)
- 2 c.c. du zeste finement râpé d'une orange bio
- 16 asperges vertes et sveltes, environ 600 g
- 60 g de crème fraîche
- 20 g d'amandes effilées, grillées à sec

Papillotes

- Parfois j'utilise une simple feuille de papier d'aluminium que je graisse au centre et replie sur la garniture, en soudant bien les extrémités.
- Les jours où j'ai des envies de loisirs créatifs, je confectionne des boîtes origami en papier sulfurisé et je fais cuire les filets dedans. Les couvercles de mes boîtes ne sont pas parfaitement hermétiques, mais la police des papillotes n'a pas encore retrouvé ma trace.

Variantes

À la place des échalotes et du zeste d'orange, posez des fraises en tranches sur la crème et assaisonnez généreusement de poivre noir. Vous pouvez aussi garnir vos papillotes de poireaux et fromage de chèvre, de pousses d'épinard et champignons, de courgettes, tomates et tapenade, de poivrons grillés et chorizo. La seule chose à garder à l'esprit est que les papillotes ne restent pas très longtemps au four : si vous utilisez des ingrédients qui demandent un temps de cuisson plus long, il faudra les cuire préalablement.

1 Sortez la plaque du four, préchauffez-le à 200 °C (th. 6-7) et préparez quatre feuilles de papier sulfurisé de 40 cm x 40 cm environ.

2 Épongez les filets avec du papier absorbant. • Salez et poivrez. • Mélangez les échalotes et le zeste d'orange dans un bol et saupoudrez de sel et de poivre. • Détaillez les asperges en tronçons de 5 cm et jetez les extrémités dures et fibreuses. • Coupez chaque tronçon en deux dans la longueur.

3 Posez une feuille de papier sulfurisé sur le plan de travail. • Pliez la feuille en deux horizontalement, marquez le pli et dépliez. • Disposez un quart des tronçons d'asperges côte à côte sous le pli, pour former un rectangle. Veillez à répartir les pointes équitablement entre les papillotes. • Saupoudrez de sel et de poivre et couvrez d'un filet de bar. • Badigeonnez le poisson de 1 cuillerée à soupe de crème fraîche, parsemez d'un quart du mélange à l'échalote et d'un quart des amandes grillées.

4 Rabattez la feuille de papier sulfurisé sur le poisson, faites se rencontrer les bords, et repliez-les en un mince ourlet, que vous replierez sur lui-même jusqu'à ce que vous arriviez au poisson. • Refermez les côtés de la papillote en repliant chaque extrémité en pointe, que vous rabattrez sous la papillote. • Transférez le tout sur la plaque du four en vous aidant d'une spatule. • Procédez de même pour assembler trois autres papillotes.

5 Enfournez 12 minutes si les filets font moins de 3 cm d'épaisseur, 14 minutes s'ils sont plus épais. • Transférez les papillotes sur les assiettes de service, et garnissez chaque assiette de pommes de terre ou de riz. • Apportez les assiettes à table et ouvrez les papillotes sur toute la longueur avec des ciseaux ou un couteau bien aiguisé.

Accord vin

Sauvignon blanc, Crossroads Wine Company 2005 (Nouvelle-Zélande, Hawkes Bay, blanc).

Le sauvignon blanc se marie bien avec les plats simples à base de poisson. Celui-ci a un profil herbeux et végétal, et les notes de mandarine qu'il exprime s'accordent bien au zeste d'orange.

Carpaccio de courgette au vinaigre de framboise

PAGE 120

Rémoulade de céleri aux œufs de truite PAGE 122

Pain perdu aux deux tomates et au parmesan

“

Le simple fait d'acheter du pain me procure toujours un sentiment

de satisfaction pure et primitive, assez semblable à celle que l'homme des cavernes devait ressentir lorsqu'il s'en retournait auprès de sa femme après une campagne de chasse, traînant derrière lui une cuisse de mammouth sanguinolente.

Pour ma part, je passe à la boulangerie avant de rentrer à la maison. Je remplis mes poumons des parfums capiteux qui flottent dans la boutique et je fais la queue patiemment, en admirant le petit peuple des pâtisseries dans la vitrine ou en me tordant le cou pour examiner l'éventail des pains dressés derrière le comptoir.

Quand vient mon tour, je passe ma commande, je tente de rassembler la monnaie pour faire l'appoint et je repars avec mon paquet encore chaud calé au creux du bras. Si c'est une baguette, il ne me faut pas plus de deux pas et demi sur le trottoir pour prélever ma gabelle, le quignon, à grignoter sur le chemin : il n'y a rien au monde de plus réjouissant que cette première bouchée de pain qui vibre de fraîcheur.

Cet épisode sert de prélude à l'épaisse tranche de pain qui accompagnera la soupe et le fromage du dîner, à la tartine beurrée du lendemain matin et au sandwich ventripotent du déjeuner. Malheureusement, la magie s'émousse au bout de quelques jours, et quand le pain devient un peu sec et élastique, il est temps de lui donner une seconde vie par la grâce du pain perdu.

Tellement français que les Américains l'appellent « French toast », le pain perdu est en principe une concoction sucrée, un délice mousseux que l'on sert habituellement au petit déjeuner ou au goûter. Mais je ne vois aucune raison de ne pas transposer l'idée au royaume du salé.

La recette suivante est une bonne façon de recycler un bon pain de campagne un peu rassis : on imbibe les tranches d'un mélange d'œuf et de lait, puis on les intercale avec des tomates fraîches et des tomates confites. Un peu de fromage râpé, un petit tour au four, et voilà un plat simple et satisfaisant, à la fois moelleux et croustillant. Idéal pour un dîner de fin d'été et quand les tomates sont bien parfumées, il fait tout aussi bonne figure lors d'un brunch.

Pain perdu aux deux tomates et au parmesan

Pour 4 personnes
en plat principal

Ingrédients

- 300 g de pain de campagne un peu rassis, coupé en tranches de 1 cm d'épaisseur ; si votre pain est frais, passez les tranches au four à 100 °C (th. 3-4), 5 minutes sur chaque face
- 4 œufs
- 120 ml de lait
- 1,5 c.c. d'origan séché
- 1,5 c.c. d'herbes de Provence
- 1/2 c.c. de sel fin
- 1/4 de c.c. de poivre du moulin
- 700 g de belles tomates
- 12 moitiés de tomates confites
- huile d'olive
- 2 gousses d'ail, finement hachées
- 60 g de parmesan fraîchement râpé

Tomates confites

- On les trouve chez les traiteurs méditerranéens et en épicerie fine, mais on peut aussi les préparer soi-même.
- Coupez 500 g de petites tomates mûres en deux dans le sens de la hauteur (roma, olivette ou cerise), enlevez le cœur (sauf si ce sont des tomates-cerises) et jetez le jus et les pépins.
- Disposez les tomates en une seule couche sur une plaque de four avec rebord, préalablement graissée. Nappez d'un filet d'huile d'olive, salez, poivrez et remuez pour bien assaisonner les tomates.
- Enfournez 3 à 4 heures à 100 °C (th. 3-4), en remuant les tomates à mi-cuisson ; elles doivent se ratatiner mais rester légèrement humides.

1 Coupez les tranches de pain en morceaux de 5 cm de large. • Dans un saladier, battez les œufs avec le lait, les herbes, 1/4 de cuillerée à café de sel et le poivre. • Ajoutez le pain, remuez-le pour bien l'imprégner et laissez reposer 10 minutes, en mélangeant de temps en temps pour qu'il absorbe la préparation uniformément.

2 Pendant ce temps, retirez le cœur des tomates et coupez-les en tranches de 1 cm d'épaisseur. • Laissez-les rendre leur jus 5 minutes dans une passoire, saupoudrées du 1/4 de cuillerée à café de sel qui reste. • Coupez les tomates confites en petits morceaux.

3 Préchauffez le four à 200 °C (th. 6-7) et graissez un grand plat à gratin avec de l'huile d'olive. • Disposez les tranches de tomates dans le fond du plat en réservant les neuf plus belles tranches pour le dessus. • Nappez d'un filet d'huile d'olive et garnissez de l'ail et des tomates confites.

4 Disposez le pain sur les tomates, arrosez de la préparation aux œufs qui reste dans le saladier, agrémentez des tranches de tomates réservées et saupoudrez de fromage. (On peut préparer le pain perdu jusqu'à 8 heures à l'avance, le couvrir, et le conserver au réfrigérateur.)

5 Enfournez 20 à 25 minutes, jusqu'à ce que le tout soit bien chaud. • Passez le four en position gril et faites cuire 5 minutes, en surveillant bien, jusqu'à ce que le fromage soit doré et le pain croustillant sur les bords. • Servez accompagné d'une salade de roquette.

Variante

Remplacez les tomates confites par des lanières de jambon cru.

Accord vin

Kris Pinot Grigio delle Venezie 2004 (Italie, Vénétie, blanc).
Les arômes de poire et de pomme de ce vin s'accompagnent d'accents de noisette, qui se marient bien avec le parmesan. Il offre suffisamment de vivacité pour contrebalancer la richesse du pain trempé dans l'œuf, des saveurs sèches d'agrumes qui soulignent le goût de la tomate et une finale franche, d'une belle acidité.

Pâtes par absorption, courgette et cacao

« La cuisson des pâtes par absorption consiste à leur appliquer la technique du risotto : on les fait revenir dans un peu d'huile d'olive, on les arrose de bouillon et on les laisse cuire jusqu'à ce qu'elles soient al dente, en ajoutant du bouillon au fur et à mesure qu'il est absorbé. Cela permet de former autour de chaque pâte une sorte de gaine d'amidon, qui épaissit la sauce et donne à l'ensemble une consistance satinée et absolument délicieuse.

La méthode par absorption peut être transposée pour vos recettes de pâtes préférées, à condition d'utiliser des pâtes courtes : des spaghetti ou des linguine ne seraient pas aussi faciles à manipuler. Ici, les pâtes sont cuites avec des bâtonnets de courgette avant d'être saupoudrées de parmesan vieux et d'éclats de fèves de cacao (page 279), pour la petite touche de croquant qui surprend.

6 abricots secs] coupés en dés
4 figues sèches]
2 cs pistaches torréfiées] hachées
2 cs amandes + noisettes torréfiées] grossièrement
1 carré de viande des Grisons grillée à 180 °C 10 min maxi
3 cuillères mélange fait saumon gravelax
+
1 copeaux de parmesan 80 g cajous
à la fin 1 CS huile pistache

Pâtes par absorption, courgette et cacao

Pour 4 personnes en plat principal

Ingrédients

- 1,5 l de bouillon ou d'eau
- 3 c.s. d'huile d'olive
- 3 gousses d'ail, finement hachées
- 1 oignon, finement haché
- 400 g de pâtes sèches courtes (penne, fusilli, ricciole)
- 4 petites courgettes, détaillées en bâtonnets ou en tranches fines, à la mandoline ou avec un couteau bien aiguisé
- sel fin et poivre du moulin
- 2 c.s. d'éclats de fève de cacao, grillés à sec et grossièrement concassés (ou 4 c.s. de pignons de pin, grillés à sec)
- parmesan vieux, grossièrement râpé ou en copeaux

Fromage vieux

Un beau morceau de fromage extra-vieux – parmesan, comté, gouda – est un bonheur à avoir sous la main : les fromages de ce type se conservent des mois au réfrigérateur si on les enveloppe soigneusement, et ils font des merveilles dans un simple plat de pâtes, un risotto ou un gratin de légumes.

1 Faites chauffer le bouillon dans une casserole à feu moyen et tenez-le au chaud.

2 Faites chauffer l'huile dans une grande sauteuse. • Ajoutez l'ail et l'oignon et laissez cuire 2 minutes à feu moyen, jusqu'à ce qu'ils libèrent leurs arômes, en remuant régulièrement pour éviter la coloration. • Ajoutez les pâtes et remuez constamment pendant 2 minutes. • Mouillez avec la quantité nécessaire de bouillon pour couvrir les pâtes. • Couvrez et laissez mijoter 10 minutes à feu doux, en remuant de temps et temps et en ajoutant du bouillon lorsque les pâtes l'ont absorbé. • Cinq minutes après le premier ajout de bouillon, incorporez les courgettes, salez et poivrez.

3 Goûtez les pâtes pour en vérifier la cuisson. • Si elles ne sont pas encore cuites et qu'elles ont absorbé tout le liquide, ajoutez encore un peu de bouillon (ou d'eau si vous n'avez plus de bouillon), couvrez et poursuivez la cuisson quelques minutes. • Recommencez jusqu'à obtenir une consistance al dente ; le temps total de cuisson dépendra du type de pâtes. • Rectifiez l'assaisonnement, transférez les pâtes dans des assiettes creuses, saupoudrez d'éclats de fèves de cacao et de parmesan, et servez immédiatement.

Poulet mijoté à la moutarde

“ Les plats mijotés sont les meilleurs amis des dîners sans souci : pendant qu’ils cuisent tout seuls comme des grands sur le fourneau, leurs saveurs s’intensifient et vous pouvez bavarder avec vos amis. Cela ne les dérange nullement de cuire longtemps, et ils sont même plutôt meilleurs si vous les oubliez un peu. Mais pas trop non plus, sinon ils se vexent et carbonisent votre cocotte. Ils sont la solution idéale quand on est nombreux à table, et je les dimensionne généralement pour une ou deux personnes de plus que ce qui est prévu, pour pouvoir nourrir un invité de dernière minute et me régaler des restes le lendemain.

Cette recette de poulet mijoté utilise principalement des ingrédients que l’on peut garder sous la main, ce qui la rend très commode pour un dîner en semaine. Le poulet cuit doucement dans une sauce d’oignons rouges, de tomates et de moutarde à l’ancienne, jusqu’à ce que la viande se détache des os sans qu’on ait besoin de le lui demander. Je sers ce plat sur du riz ou des pâtes fraîches avec un confit d’ail maison, condiment fougueux que l’on fait rôtir au four pendant qu’on s’occupe du poulet.

Poulet mijoté à la moutarde

Pour 4 à 6 personnes
en plat principal

Ingrédients

- 1 tête d'ail
- huile d'olive
- sel fin et poivre du moulin
- 1 poulet fermier entier (environ 1,5 kg), découpé en 8 morceaux, décongelé le cas échéant
- 1 kg d'oignons rouges
- 1 boîte de 800 g de tomates entières pelées, égouttées
- 1 c.s. de thym frais (ou 1,5 c.c. de thym séché)
- 2 feuilles de laurier
- 1 bonne pincée de piment en poudre
- 80 ml de vin blanc sec
- 3 c.s. de moutarde à l'ancienne

Accord vin

Côtes-du-rhône, domaine de la Garrigue « Cuvée romaine » 2003 (France, Côtes-du-Rhône, rouge).
Ce côtes-du-rhône au nez de mûre, d'herbes et de fenouil exprime des arômes de fruits moins intenses que la plupart de ses semblables. C'est un vin moyennement corsé, avec des parfums de cerise acidulée et des notes d'épices et de terre. Son acidité en fait un bon accord pour les mets, avec des tanins légèrement râpeux et une finale sèche.

1 Préchauffez le four à 200 °C (th. 6-7). • Retirez les couches extérieures de la tête d'ail. • Tranchez le haut de la tête de façon à dévoiler la pulpe de chaque gousse. • Mettez la tête d'ail sur une feuille de papier d'aluminium, nappez d'huile d'olive, salez, poivrez et refermez pour former une bourse bien scellée. • Enfournez 45 minutes, jusqu'à ce que la pulpe de chaque gousse soit légèrement dorée et très tendre.

2 Faites chauffer une cocotte sur feu moyen. • En procédant en deux fois, déposez les morceaux de poulet dans la cocotte, côté peau vers le dessous. • Salez, poivrez et laissez dorer 3 minutes sur chaque face.

3 Épluchez les oignons et coupez-les en quartiers. • Réservez la viande et videz l'excédent de graisse de la cocotte. • Mettez les oignons dans la cocotte et laissez-les cuire 5 minutes, en remuant régulièrement.

4 Ajoutez les tomates, le thym, les feuilles de laurier et le piment, et disposez le poulet sur ces ingrédients. • Versez le vin dans la cocotte et poursuivez la cuisson. • Quand le vin frémit, couvrez et laissez cuire 40 minutes à feu moyen en remuant de temps en temps.

5 Sortez l'ail du four, ouvrez la bourse de papier d'aluminium et laissez refroidir suffisamment pour manipuler l'ail sans vous brûler. • Pressez les gousses pour en recueillir la pulpe dans un bol et réduisez en purée à la fourchette. • Goûtez et rectifiez l'assaisonnement. • Couvrez et réservez.

6 Quand le poulet est cuit, ajoutez la moutarde dans la cocotte et mélangez-la soigneusement à la sauce. • À feu vif, laissez réduire 10 minutes à découvert, en remuant régulièrement, jusqu'à ce que la sauce soit assez épaisse pour napper la viande. • Goûtez la sauce et rectifiez l'assaisonnement.

7 Couvrez et laissez mijoter à feu doux jusqu'au moment de servir. • Servez le poulet sur du riz ou des pâtes, en présentant la purée d'ail à part. • On peut préparer le poulet et l'ail la veille et les conserver, couverts, au réfrigérateur. Réchauffez le poulet à feu doux, et portez l'ail à température ambiante avant de servir. Le reste de sauce est délicieux sur des pâtes.

Tartare au couteau

“

Quand je suis particulièrement affamée, c’est souvent l’idée d’un steak tartare qui me fait le plus saliver (j’ai peut-être une petite carence en fer). Par chance, c’est un plat qui est souvent à la carte des bistros parisiens ; il m’est donc facile de satisfaire mon envie de viande plus bleue que bleue.

Commander un steak tartare dans un restaurant demande une confiance aveugle dans ses pratiques d’hygiène, puisque la viande crue doit être manipulée avec d’infinies précautions. Les expressions « tartare minute » et « au couteau » sont des indices encourageants : ils signifient que la viande est hachée à la commande et à la main, ce qui lui donne moins de temps pour faire de mauvaises rencontres bactériennes, et une mâche bien plus satisfaisante.

Mais on peut aussi préparer le steak tartare chez soi et donner ainsi une touche bistronomique à son repas, avec une salade mélangée et de grosses frites au four. On utilisera de la viande et des œufs d’une fraîcheur irréprochable et l’on passera un coup de fil à ses invités pour s’assurer qu’ils ne s’évanouissent pas à l’idée de manger de la viande crue. Pour agrémenter la texture de mes tartares, j’aime bien leur ajouter des noisettes grossièrement hachées, mais c’est facultatif.

Tartare au couteau

Pour 4 à 5 personnes en plat principal

Ingrédients

- 3 c.s. de moutarde forte
- 3 c.s. de sauce Worcestershire
- 1 c.c. de tabasco
- 3 c.s. de ketchup
- 1 c.s. de cognac
- 3 échalotes, finement hachées
- 3 gousses d'ail, finement hachées
- 3 c.s. de petites câpres (ou de grosses câpres, grossièrement hachées)
- 2 c.s. de persil plat frais haché
- 1 c.s. d'estragon frais haché
- 40 g de noisettes décortiquées, grillées à sec, grossièrement concassées
- 700 g de filet de bœuf extra-frais
- 4 jaunes d'œufs extra-frais
- fleur de sel
- poivre du moulin

1 Dans un bol, mélangez à la fourchette la moutarde, la sauce Worcestershire, le tabasco, le ketchup et le cognac. • Dans un autre bol, mélangez les échalotes, l'ail, les câpres, les herbes et les noisettes. • On peut préparer ces deux mélanges 1 heure à l'avance.

2 Au tout dernier moment, coupez la viande en dés de 0,5 cm à l'aide d'un couteau de chef. • Dans un saladier, mélangez la viande, les jaunes d'œufs et la préparation à la moutarde. • Salez et poivrez. • Incorporez le mélange aux échalotes et mélangez soigneusement le tout.

3 Divisez la viande en quatre ou cinq portions égales et disposez-les en palets dans les assiettes (utilisez un cercle à entremets si vous en avez un). • Apportez la moutarde, la sauce Worcestershire, le tabasco, le ketchup, le sel et le poivre à table pour que chacun puisse rectifier l'assaisonnement à son goût.

Sécurité alimentaire

- Lavez toujours soigneusement vos mains et vos ustensiles avant et après avoir manipulé de la viande crue.
- Manger des œufs crus présente un très léger risque d'intoxication à cause d'une contamination éventuelle par les salmonelles. Ce risque est considérablement réduit si vous choisissez des œufs extra-frais, bien propres, à la coquille parfaitement intacte, si vous les tenez bien au frais et si vous évitez soigneusement le contact entre l'extérieur de la coquille et l'intérieur de l'œuf.
- Quoi qu'il en soit, il est préférable de ne pas servir d'œuf cru aux enfants, aux femmes enceintes, aux personnes âgées et aux malades.

Variante

Vous pouvez passer rapidement le tartare à la poêle, 1 minute sur chaque face : c'est ce qu'on appelle un tartare aller-retour.

Accord vin

Château Greysac Médoc 2001 (France, Bordeaux, rouge).
La force de caractère du tartare appelle un bordeaux : moyennement corsé et plus faible en tanins que ce à quoi on pourrait s'attendre, celui-ci présente un nez typique de cerise noire, de cèdre et d'épices, avec des saveurs similaires et une belle longueur en bouche.

Boulettes d'agneau aux pruneaux

“Les fins palais français savent apprécier le pruneau et le prouvent en le mariant à des ingrédients nobles comme le chocolat, l'armagnac, le canard ou la pintade. La variété la plus renommée vient de la ville d'Agen, où sa culture remonte à un monastère du treizième siècle, et où l'on est si fier de cette spécialité qu'une confrérie a été créée pour servir sa cause : la Compagnie des chevaliers du pruneau d'Agen.

Je suis moi-même une fan inconditionnelle du pruneau, de sa douceur suave et de son air ratatiné. J'en mets dans les desserts – chaussons, soufflés, flognardes – mais aussi dans les plats salés, comme ces boulettes d'agneau parfumées. Elles ne sont pas très longues à préparer et constituent un plat réconfortant que l'on pourra servir avec du quinoa et du yaourt à la grecque pour faire trempette.

Boulettes d'agneau aux pruneaux

Pour 4 personnes en plat principal, pour 6 personnes en entrée

Ingrédients

- 500 g de viande d'agneau hachée, de l'épaule de préférence
- 12 beaux pruneaux, dénoyautés et finement hachés
- 2 petites échalotes, finement hachées
- 1 gousse d'ail, finement hachée
- 1 poignée de feuilles de persil plat frais, environ 5 g, finement hachées, plus quelques brins en garniture
- 1 c.s. de zeste d'orange finement haché
- 1/4 de c.c. de piment en poudre
- 1 œuf, légèrement battu
- 1 c.c. d'huile d'olive
- 1/2 c.c. de sel fin
- 1/4 de c.c. de poivre du moulin

Temps de repos

30 minutes

1 Mettez la viande, les pruneaux, les échalotes, l'ail, le persil, le zeste d'orange, le piment, l'œuf, le sel et le poivre dans un saladier. • Mélangez le tout à la fourchette. • Couvrez et mettez au frais 30 minutes, ou jusqu'à 8 heures. (Si vous manquez vraiment de temps, 10 minutes suffiront, mais c'est mon dernier prix.)

2 Sortez le saladier du réfrigérateur. • Lavez-vous soigneusement les mains et gardez-les humides. • Formez des boulettes de la valeur de 1 cuillerée à soupe bombée de cette préparation en les roulant entre vos mains. • Réservez les boulettes côte à côte sur une assiette jusqu'à ce que vous ayez utilisé toute la viande. • Lavez-vous à nouveau soigneusement les mains.

3 Faites chauffer 1 cuillerée à café d'huile d'olive dans une grande poêle antiadhésive à feu moyen. • Déposez la moitié des boulettes dans le fond de la poêle en une seule couche sans les tasser. • Laissez cuire 8 à 10 minutes, en les retournant régulièrement pour qu'elles dorent de toutes parts. • Transférez-les sur une assiette propre et couvrez de papier d'aluminium pendant que vous faites cuire le reste. • Remettez les boulettes de la première tournée dans la poêle et réchauffez 2 minutes. • Transférez le tout dans un plat de service, décorez de persil et servez avec du quinoa et du yaourt à la grecque.

À propos des fruits secs

S'il est vrai que les fruits secs se gardent très longtemps, il est tout de même préférable d'en choisir qui ont été fraîchement séchés. Un bon pruneau doit être noir, ridé et brillant, moelleux sans être mollasson, charnu sans être collant.

Variante

Si vous n'avez pas la patience de rouler les boulettes, formez quatre à six palets, comme pour des steaks hachés.

Accord vin

Héritage du Rhône 2003 (France, Côtes-du-Rhône, rouge).
Le côtes-du-rhône est toujours une valeur sûre pour accompagner l'agneau. Celui-ci, en particulier, développe des parfums intenses de mûre et de cassis, et des notes épicées de poivre noir et de cannelle. C'est un vin suffisamment équilibré en tanins pour couper la richesse de l'agneau, et il offre une finale bien ronde.

Pâtes par absorption, courgettes et cacao PAGE 130

Boulettes d'agneau aux pruneaux PAGE 136

Langoustines
1kg 43,00 €
Bulots Cuits
100g 1,60 €
Crevettes Grises
100g 3,50 €

Dîner

“

Sans que ce soit une règle officiellement établie entre nous, Maxence me laisse généralement planifier le menu de nos dîners.

Il sait avec quel bonheur je me lance dans l'entreprise et il se satisfait du fauteuil de consultant, qui est d'ailleurs très confortable, avec son dossier inclinable et ses petites roulettes. Une semaine ou deux avant la date prévue, je commence à rassembler mes idées. C'est le moment le plus exaltant, celui où tout est envisageable et où je peux rêver au dîner quintessentiel, imaginer des accords et des harmonies, et faire des petits croquis dans les marges. L'inspiration peut jaillir d'un ingrédient ou d'un ustensile fraîchement acheté, d'un produit saisonnier à fêter, ou d'un plat récemment goûté. Je note les pistes qui se dessinent, et si j'ai besoin de sources d'inspiration supplémentaires, je m'installe sur le canapé et je m'ensevelis sous des piles de livres de cuisine, de coupures de magazines et d'anciens carnets que j'épluche, un crayon à la main. Une fois que j'ai réuni suffisamment d'idées, j'essaie de les orchestrer en un ensemble cohérent. J'en transforme certaines et j'en rejette d'autres – même si ça me brise le cœur – à l'aune des considérations suivantes :

Esprit de saison

Si l'on privilégie des produits et des plats en phase avec la saison, on se retrouve comme par enchantement avec un menu qui correspond aux envies des invités, et avec des ingrédients qui sont faciles à se procurer et au faîte de leur maturité. Bien sûr, si vous vivez dans une région où les saisons aiment faire des petites farces, en vous faisant croire que les beaux jours sont arrivés pour mieux vous surprendre avec une petite gelée, il est possible que vous serviez une salade d'asperges rafraîchies à des amis emmitouflés dans leur cache-nez. Il est difficile de se prémunir contre ce genre d'incident, et les asperges ne devraient pas être mauvaises pour autant.

Variété et harmonie

Les différents plats d'un repas sont comme les mouvements d'un concerto : ils doivent s'enchaîner de façon complémentaire, pour donner de la fluidité à l'ensemble, mais ils doivent aussi être suffisamment variés pour surprendre et divertir. L'harmonie découle naturellement du conseil précédent à propos des saisons ; il est tout aussi bon de garder à l'esprit les affinités régionales et culturelles des plats et des produits.

Simplicité

Les meilleurs repas de ma vie, ceux qui m'ont le plus émue et éblouie, jouaient sur le fil entre des produits de qualité et des préparations simples, mais habilement tournées. Ce genre de prouesse n'est pas facile à égaler – le cafouillis demande toujours moins d'efforts – mais c'est à cela que j'aspire.

Légèreté

Ce n'est pas que je veuille jouer les nutritionnistes, mais je préfère que mes amis, tout comme moi d'ailleurs, survivent jusqu'au dessert. Si le plat principal est plutôt riche, je prévois une entrée légère et un dessert à base de fruits. Si j'ai envie de faire une tarte au chocolat, j'évite de la servir après une fondue savoyarde. Et si j'accompagne le plat d'un féculent (pommes de terre, pâtes, riz), je prépare une entrée qui fera la part belle aux légumes colorés.

Sens pratique

Pour chaque préparation un peu compliquée, je me facilite la vie sur une autre, pour compenser. J'identifie ce qui peut être fait à l'avance, et j'évite les recettes qui impliquent une opération délicate de dernière minute. Je vérifie que la charge peut être répartie entre le four et les plaques de cuisson, et que je n'aurai pas besoin du même plat de cuisson pour deux préparations différentes.

Les goûts et les couleurs

Pour la plupart de mes amis, je sais dire s'ils ont le palais téméraire ou timoré, s'ils ont l'appétit d'un loup ou d'un passereau, s'ils évitent la viande rouge, et si une noisette peut mettre leurs jours en danger. Si nous recevons des invités que nous ne connaissons pas très bien, je pars du principe qu'ils porteront à mon attention toute allergie mortelle, et je prévois un menu consensuel et facile à aimer, en évitant tout ce qui relève du goût acquis : les oursins, les tripes et toute cette sorte de chose.

Expérimentation

Le bon sens recommanderait que l'on s'abstienne de tester de nouvelles recettes quand on a des invités, mais j'avoue que je ne fais pas le moindre cas de cette mise en garde. Une grande partie de mon plaisir de cuisinière réside dans l'invention de plats que mes amis pourront goûter, et très honnêtement, je me demande bien qui trouve le temps de faire des essais à blanc. En revanche, je choisis mes cobayes avec soin – ni futur employeur, ni diplomate étranger – et je fais confiance à mon instinct pour ne tenter une nouvelle recette que si je suis raisonnablement sûre qu'elle ne tournera pas au fiasco. (Et même si c'est raté, ça fera toujours une belle histoire à raconter à mes petits-enfants.)

Lorsque je suis satisfaite de mon brouillon de menu, j'en parle à Maxence pour avoir son avis, puis j'établis deux listes. La première est un découpage sommaire des différentes étapes de la préparation du repas, réparties en blocs de temps (vendredi soir, samedi matin, samedi après-midi), pour avoir une idée de la charge de travail.

S'il s'avère que mon menu est trop ambitieux et qu'il induit un risque non négligeable de panique ou d'hystérie à l'heure du dîner, je révise mon plan d'action pour le simplifier. Quant à la seconde liste, il s'agit d'une bête liste de courses, regroupées par fournisseur et par jour : le vin peut être acheté à l'avance, la viande la veille, mais l'un de nous ira en fin d'après-midi acheter du pain frais.

Il arrive que le menu soit suffisamment simple pour que je puisse dresser la première liste dans ma tête, mais d'après mon expérience, la deuxième est vitale. Si vous vous êtes déjà trouvé devant le réfrigérateur ouvert, en train d'essayer par la seule force de votre volonté de faire apparaître l'ingrédient que vous avez complètement oublié d'acheter, vous comprendrez de quoi je veux parler.

“ Déroulement du menu

La structure de nos dîners peut s'étoffer ou bien prendre des chemins de traverse selon nos ressources de temps et d'énergie, mais en voici l'ossature.

Apéritif

L'usage a inventé la notion formidable du quart d'heure de politesse, qui prescrit aux convives d'arriver quinze minutes plus tard que l'heure convenue, afin que les hôtes bénéficient d'une marge d'erreur dans leur programme – ou qu'ils puissent prendre quelques minutes pour se sécher les cheveux. Certains de nos amis prennent le conseil tellement à cœur qu'on ne sait jamais vraiment à quelle heure ils vont arriver, mais cela ne nous dérange pas plus que ça, d'autant que nous ne sommes pas nous-mêmes d'une ponctualité exemplaire. Nous vaquons donc à nos occupations, après avoir préparé boissons et bouchées apéritives (page 92) pour accueillir nos invités au fur et à mesure qu'ils pointent le bout de leur nez. Une fois que tout le monde est là et que les amuse-gueules ont été engloutis, nous nous dirigeons vers la table comme un seul homme.

Entrée

Ce doit être quelque chose de suffisamment léger pour ne pas rassasier, mais dont les saveurs sont suffisamment vives pour éveiller la curiosité des papilles, et leur faire réclamer à grands cris l'acte suivant : ce peut être par exemple une salade, une terrine, des fruits de mer, une soupe un peu raffinée… En guise de raccourci, on peut prévoir un apéritif un peu plus consistant et faire l'impasse sur l'entrée.

Plat

Pour le volet central du repas, je privilégie les plats cuits au four ou mijotés, qui ne requièrent pratiquement aucun travail de dernière minute. Je les glisse au four ou je les mets à réchauffer au moment où on attaque l'entrée, et je leur applique la touche finale au moment où nous sommes prêts à les manger. En règle générale, je ne sers qu'un seul accompagnement (pages 169 et suivantes), mais du pain en abondance. Selon le type de préparation, l'entrée et le plat seront servis dans les assiettes à la cuisine, ou bien comme en famille, cocotte sur table : le service à l'assiette fait plus sophistiqué, mais les aliments refroidissent alors sensiblement plus vite et, à tout prendre, je préfère que ce soit bon plutôt que beau.

Fromage

Après le plat, nous demandons, pour la forme, si quelqu'un a envie d'un peu de fromage. Deux catégories de mangeurs se révèlent alors : ceux qui secouent la tête poliment en murmurant que non, là, vraiment… et ceux dont les yeux brillent d'un appétit dont eux-mêmes ne soupçonnaient pas l'étendue. L'expérience montre que l'enthousiasme de ces derniers est hautement communicatif et, dès que le plateau de fromage paraît, ceux qui pensaient passer leur tour sont bien contents qu'on les ait tout de même équipés d'une assiette et d'un couteau.

Dessert

Nous faisons une pause un peu plus longue après le fromage afin que chacun reprenne ses esprits avant de passer au sucré. S'il s'agit d'un dessert à partager, je prends soin de découper de petites parts : tout le monde n'a pas autant d'endurance que moi en matière de desserts, et je préfère que les gourmands se resservent plutôt que de voir les autres lutter bravement pour finir leur assiette. On peut, sans risquer l'opprobre, servir un dessert acheté chez le pâtissier : la valeur ajoutée de l'hôte réside dans le choix avisé du fournisseur et la peine qu'il a prise à sélectionner les gâteaux.

Café et mignardises

Le repas s'achève avec du thé ou du café ; si nos voisins sont de la partie, ils disparaissent à côté pour préparer des expresso. Je sers aussi quelques bouchées sucrées pour accompagner les boissons chaudes, soit sur une petite assiette, soit dans la soucoupe de chaque tasse. Il peut s'agir de simples carrés de bon chocolat, de madeleines miniatures achetées à la boulangerie, ou alors, si j'en ai eu le temps, de mignardises faites maison (pages 267 et suivantes). J'ai une tendresse particulière pour ce supplément de gourmandise inattendu, et la façon dont il fait écho aux bouchées apéritives qui ont ouvert la marche en début de soirée. C'est alors que Maxence suggère parfois une larme de digestif...

“

Quelques conseils à garder à l'esprit

L'art du raccourci

Vous pouvez économiser du temps et de l'énergie en mettant à contribution les fournisseurs auxquels vous avez accès. On peut composer tout un plateau d'amuse-bouches rien qu'avec des trouvailles de chez le traiteur méditerranéen ou oriental. Une terrine achetée chez le charcutier ou quelques tranches de poisson fumé feront une entrée tout à fait honorable si on les flatte de quelques condiments et accessoires. Il ne s'agit pas de composer un dîner entier sur la base de ces raccourcis – sauf si, par exemple, vous vous êtes cassé les deux poignets – mais si vous les mêlez habilement à vos propres créations, ils peuvent vous dépanner pour un élément ou un autre du repas.

Portions mini

Lorsqu'on prépare ce type de dîner en plusieurs actes, on a envie que les invités puissent en profiter d'un bout à l'autre, sans crier grâce à mi-parcours. La plupart des gens ayant reçu comme consigne parentale de toujours finir ce qu'ils ont dans leur assiette, il faut s'efforcer de servir des portions raisonnables dans un premier temps, et proposer à chacun de se resservir en fonction de son appétit.

Prenez votre temps

Donnez à votre repas le rythme tranquille qui permet de l'apprécier pleinement. N'hésitez pas à marquer une pause entre les plats, afin que chacun puisse se remettre et savourer ses sensations. Effet corollaire : cela vous laisse le temps, en toute quiétude, de mettre la dernière main à ce qui vient ensuite.

Ne placez pas la barre trop haut.

Ajustez vos ambitions au temps et à l'énergie dont vous disposez. C'est tout à votre honneur de faire de votre mieux et d'essayer de vous surpasser, mais vous n'avez rien à prouver, et vos amis n'attendent rien de plus qu'un repas simple et fait maison. Tenter d'imiter les chefs étoilés peut certes être divertissant, pour vous comme pour vos convives, mais l'esprit de votre cuisine doit garder sa légèreté. Le résultat est parfois fabuleux, parfois calamiteux ; votre honneur n'est pas en jeu.

La seule chose qui importe, c'est de suivre vos envies, de vous faire plaisir et de passer une bonne soirée avec vos invités.

Fabrication Artisanale
au torchon
1kg. F 19 €
Boston

Ceviche fraise-avocat

“

Le ceviche est une spécialité d’Amérique latine : légère et rafraîchissante, c’est l’entrée parfaite quand il fait très chaud. La recette consiste à couper du poisson cru en dés que l’on fait mariner dans un jus d’agrumes : l’acidité de la marinade « cuit » le poisson en lui conservant tout son moelleux, et en prêtant à sa chair des notes haut perchées. Cet acidulé gagne à être équilibré par des saveurs plus rondes et plus sucrées, et j’aime particulièrement pour cela le duo fraise-avocat. Comme il est joliment coloré, ce ceviche se prête bien à une présentation dans des verres transparents.

Ceviche fraise-avocat

Pour 4 personnes
en entrée

Ingrédients

- 400 g de filets de poisson blanc extra-frais – cabillaud, julienne, flétan (indiquez au poissonnier que le poisson sera préparé cru, en marinade)
- 2 c.s. de jus de citron vert (la valeur de 1/2 citron vert environ)
- 120 ml de jus de citron jaune (la valeur de 2 citrons environ)
- 1 c.s. d'huile d'olive
- 1 à 2 c.c. de tabasco
- fleur de sel
- poivre du moulin
- 200 g de petites fraises, plus 4 pour la garniture
- 1 c.s. de miel doux
- 1 avocat moyen
- 2 c.s. de feuilles de cerfeuil frais (de persil plat frais ou de coriandre fraîche)

Temps de repos

2 heures

1 Enlevez les arêtes qui pourraient rester dans le poisson à l'aide d'une pince à épiler propre. • Découpez le poisson en cubes de 1 cm et mettez-les dans un plat à gratin en verre ou en céramique. • Ajoutez les jus de citron, l'huile d'olive et le tabasco. • Salez, poivrez et remuez pour imprégner le poisson. • Couvrez de film alimentaire et mettez au frais 2 à 6 heures, en remuant une fois ou deux en cours de réfrigération. • Placez une passoire fine au-dessus d'un saladier. • Sortez le poisson du réfrigérateur, versez-le dans la passoire et laissez égoutter pendant que vous préparez les autres ingrédients.

2 Rincez les fraises rapidement, essuyez-les sur du papier absorbant et équeutez-les. • Détaillez-les en dés de 1 cm et mélangez délicatement avec le miel. • Coupez l'avocat en deux, retirez le noyau et découpez la chair en dés de 1 cm.

3 Mettez le poisson égoutté, les fraises, l'avocat et le cerfeuil dans un autre saladier et mélangez délicatement. • Goûtez et rectifiez l'assaisonnement. • Répartissez cette préparation dans les verres de service, arrosez de 1 cuillerée à soupe de la marinade réservée et décorez chaque verre d'une fraise. • Servez immédiatement ou conservez jusqu'à 2 heures au réfrigérateur. (Dans ce cas, sortez les verres du réfrigérateur 15 minutes avant de servir.)

Accord vin

Bouvet brut rosé NV (France, Loire, rosé pétillant).

La vivacité de ce vin s'accorde avec l'acidité du poisson et tranche avec la richesse de l'avocat, tandis que ses saveurs de fruits rouges répondent bien à la fraise. C'est un vin assez léger, à la finale franche, idéal en début de repas.

Saint-jacques à la mangue, tuile au parmesan

“

La noix de saint-jacques est la plus délicieuse des baguettes magiques pour transformer un repas banal en un dîner scintillant. Le foie gras et le caviar ne marchent pas mal non plus, mais la saint-jacques a quelque chose de plus raffiné, qui la rend à mes yeux encore plus digne des tables de fête.

Idéalement, on achètera ses saint-jacques chez le poissonnier, vivantes et encore dans leur coquille, preuve de fraîcheur s'il en est. Le garçon en tablier au fond du magasin les ouvrira à la vitesse de la lumière. Mais un ami chef m'a un jour montré comment faire, et Maxence et moi mettons depuis un point d'honneur à ouvrir nous-mêmes nos saint-jacques : cela nous donne l'impression de vivre en autarcie pendant environ trente minutes, et cela nous évite de faire la queue à la poissonnerie.

Je sers généralement les noix de saint-jacques en entrée : comme leur goût est délicat et qu'elles ne sont pas très nourrissantes, elles jouent ce rôle à la perfection. Trois par personne est un bon chiffre, et un trio de saint-jacques sera ravissant quel que soit votre talent pour dresser les assiettes.

C'est dans les préparations les plus simples que la saveur des saint-jacques brille avec le plus de clarté. Certains affirment même qu'elles devraient être mangées crues, en carpaccio opalescent : si vous êtes tout à fait certain de la fraîcheur irréprochable de vos coquillages, coupez les noix en fines tranches, puis assaisonnez-les de sel, de poivre et d'un filet d'huile d'olive fruitée.

Si j'apprécie les saint-jacques crues, je les préfère saisies rapidement dans un peu de beurre : ceci a pour effet d'en couronner chaque face d'un disque doré et finement croustillant, tandis que leur cœur reste rose pâle et fondant. (Si on la fait cuire trop brutalement, la saint-jacques se crispe et rebondit alors légèrement quand on la lance contre une surface plane.)

Comme la saveur des saint-jacques est légèrement sucrée, elles s'entendent bien avec les poireaux, les artichauts, les betteraves, les topinambours et les oignons caramélisés. Mais l'accord qui me plaît le plus, celui qui donne à mes papilles l'envie de se lancer dans un numéro de claquettes, c'est celui de la saint-jacques et de la mangue.

Saint-jacques à la mangue, tuile au parmesan

Pour 4 personnes
en entrée

Ingrédients

- 80 g de parmesan finement râpé (choisissez un parmesan assez jeune ; un parmesan vieux serait trop sec et ne fondrait pas bien pour former les tuiles)
- 1/2 c.s. de farine
- la chair d'une grosse mangue mûre, coupée en dés
- 1/2 c.c. de jus de citron vert
- 1 poignée de feuilles de coriandre fraîche (ou de feuilles de persil plat frais), environ 5 g, plus 4 brins pour la garniture
- fleur de sel
- poivre du moulin
- 30 g de beurre doux
- 12 noix de saint-jacques, décongelées le cas échéant (voir ci-dessous), ou 280 g de noix de pétoncles

Coquilles Saint-Jacques

- La noix de saint-jacques est un mollusque qui vit dans une coquille peu spacieuse mais bien aménagée et décorée avec goût. La partie comestible est en fait le muscle qui rattache les deux parties de la coquille.
- Achetez de préférence des noix de saint-jacques fraîches et en coquille, chez un poissonnier où il y a beaucoup de débit. Conservez-les au réfrigérateur et cuisinez-les le lendemain ou le surlendemain. Vous pouvez aussi utiliser des noix de saint-jacques surgelées : une fois cuites, elles seront légèrement plus caoutchouteuses, mais vous vous en remettrez.

1 Préparez les tuiles de parmesan. Mélangez 4 cuillerées à soupe de parmesan râpé avec la farine dans un bol (réservez le parmesan qui reste). • Sur la moitié gauche d'une grande poêle antiadhésive, versez 1 cuillerée à soupe de la préparation au parmesan et étalez-la du dos de la cuillère en un disque d'environ 10 cm de diamètre. • Procédez de même sur le côté droit de la poêle en veillant à ce que les deux disques ne se touchent pas. • Placez la poêle sur la flamme et laissez chauffer à feu vif jusqu'à ce que le fromage fonde et commence à dorer. • Retirez la poêle du feu et laissez tiédir 30 secondes. • Décollez délicatement les tuiles à l'aide d'une spatule fine, et transférez-les sur un rouleau à pâtisserie pour leur donner une forme incurvée, en travaillant rapidement de sorte qu'elles n'aient pas le temps de durcir. • Laissez refroidir complètement. • Rincez la poêle à l'eau froide pour la refroidir, essuyez-la et procédez de même pour faire deux autres tuiles.

2 Dans un bol, mélangez la mangue avec le reste de fromage, le jus de citron vert et les feuilles de coriandre. Salez, poivrez et réservez.

3 Faites fondre le beurre dans la poêle à feu moyen. • Déposez-y les noix de saint-jacques et laissez cuire 3 minutes (1 minute pour des pétoncles), sans remuer, jusqu'à ce que se forme une croûte dorée sur le dessous. • Retournez-les et laissez cuire à nouveau 2 à 3 minutes (1 minute pour des pétoncles). • Les noix de saint-jacques doivent être opaques aux extrémités, et transparentes au centre.

4 Répartissez la préparation à la mangue dans quatre assiettes, en la disposant en disque. • Garnissez de trois noix de saint-jacques (ou d'un quart des pétoncles) et d'une tuile au parmesan. • Agrémentez d'un brin de coriandre et servez immédiatement.

Accord vin

Guy Saget Vouvray 2004 (France, Loire, blanc).
Frais et fruité, ce vouvray exprime des parfums de pêche, de miel et de pomme croquante auxquels se mêlent des accents d'ananas et de mangue. Légèrement sucré, il flatte le goût de la mangue et des noix de saint-jacques, mais son acidité l'empêche d'être lourd ou écœurant.

Soufflés au comté

“

Le soufflé est victime d’une terrible malédiction qui paralyse de peur tous ceux qui veulent s’y attaquer de front, en leur faisant croire que l’entreprise relève de l’inconscience, peut-être même de la folie, et que le monde risque fort de s’écrouler en même temps que leurs soufflés. Je me propose d’essayer de démystifier la question. D’abord, le soufflé n’est pas aussi difficile que cela à réaliser : il suffit de bien lire la recette et de mesurer tous les ingrédients avant de commencer (la moitié du public se lève et quitte la salle).

Ensuite, il ne s’agit pas obligatoirement d’une opération de dernière minute : il faut cuire les soufflés juste avant de les servir, c’est vrai, mais on peut préparer l’appareil à soufflé 1 ou 2 heures à l’avance. Il est possible que les soufflés ne montent pas aussi haut de cette façon mais, honnêtement, la différence n’est pas visible à l’œil nu.

Enfin, et c’est bien là le plus important, ce que les experts oublient généralement de préciser, c’est qu’un soufflé retombé est tout aussi exquis que son homologue encore gonflé. Et peut-être encore plus attachant, par son petit côté « je ne suis pas parfait mais vous non plus ».

Soufflés au comté

Pour 6 personnes
en entrée

Ingrédients

- 50 g de beurre doux plus 15 g pour les ramequins
- 100 g de comté fraîchement râpé
- 40 g de farine
- 250 ml de lait
- 4 jaunes d'œufs, légèrement battus
- 1/2 c.c. de sel fin
- 1/4 de c.c. de poivre du moulin
- noix de muscade fraîchement râpée
- 3 blancs d'œufs

Variante

Ajoutez à la farine 1 cuillerée à soupe de paprika, ou 2 cuillerées à café de paprika doux fumé espagnol (page 47), ou 2 cuillerées à café de curry, ou 30 g de champignons séchés mixés en une poudre fine.

Accord vin

Côtes-du-rhône blanc, Étienne Guigal 2002 (France, Côtes-du-Rhône, blanc). Cet assemblage offre des saveurs d'agrumes, de pêche mûre et de figue, avec une pointe d'amande et d'épices. Très sec et rafraîchissant, c'est un vin minéral, bien charpenté, avec une belle acidité.

1 Graissez six ramequins avec les 15 g de beurre. • Veillez à ne pas toucher l'intérieur des moules une fois graissés, sinon les soufflés ne monteront pas aussi bien. • Saupoudrez le fond de chaque ramequin de 1 cuillerée à café de fromage râpé (réservez le fromage qui reste), inclinez les ramequins pour en chemiser le fond et les parois et mettez-les au réfrigérateur. • Préchauffez le four à 200 °C (th. 6-7).

2 Faites fondre le beurre à feu moyen dans une casserole. • Ajoutez la farine en une seule fois et travaillez la farine et le beurre au fouet. • Laissez cuire 2 minutes, sans cesser de battre. Incorporez le lait en fouettant bien et en veillant à ne pas laisser de grumeaux dans le fond et sur les bords de la casserole. Le mélange va épaissir. • Aux premiers bouillons, retirez la casserole du feu.

3 Laissez la béchamel refroidir 2 minutes. • Ajoutez les jaunes d'œufs sans cesser de remuer, pour les empêcher de prendre. • Assaisonnez de 1/4 de cuillerée à café de sel, de poivre du moulin et d'une pointe de noix de muscade. • Dans un bol, réservez 3 cuillerées à soupe du fromage râpé que vous aviez gardé et incorporez le reste à la béchamel.

4 Mettez les blancs d'œufs et 1/4 de cuillerée à café de sel dans un saladier. • Montez les œufs en neige ferme.

5 Transférez un tiers des blancs en neige dans la préparation à la béchamel et mélangez à la spatule. • Incorporez très délicatement le reste des blancs, en soulevant la béchamel d'un geste large pour les envelopper. • (Vous pouvez préparer cet appareil à soufflé jusqu'à 2 heures à l'avance : couvrez-le soigneusement et réservez-le au réfrigérateur. • Préchauffez le four à 200 °C 10 à 15 minutes avant de poursuivre la recette.)

6 Sortez les ramequins du réfrigérateur et déposez-les sur la plaque du four. • Répartissez l'appareil à soufflé dans les ramequins ; ne les remplissez pas à ras bord. • Saupoudrez du fromage râpé réservé et enfournez 12 à 15 minutes, jusqu'à ce qu'ils soient bien gonflés et dorés (n'ouvrez pas la porte du four pendant les douze premières minutes de cuisson, vous vous en mordriez les doigts). Servez immédiatement, avec une salade verte.

Tagine d'agneau aux poires

"

Quand j'avais huit ans, ma famille a emménagé dans un appartement qui se trouvait à quelques pas d'un bon restaurant marocain. C'est vite devenu une destination prisée pour les dîners improvisés avec des amis de mes parents : le restaurant possédait une impressionnante collection de reptiles empaillés qui hypnotisait les enfants et permettait aux adultes de discuter tranquillement. En été, lorsque le vent soufflait dans la bonne direction, une odeur caramélisée de grillades flottait jusqu'à la fenêtre ouverte de ma chambre, et venait attiser mon appétit.

Avec mon palais d'enfant, je m'en tenais à cette époque au poulet, à la semoule et à quelques légumes triés sur le volet, mais mon goût s'est considérablement développé depuis pour la cuisine marocaine, dont j'apprécie l'élégance et la chaleur.

« Tajine » est le nom que l'on donne à une variété de plats mijotés à base de légumes, de viande ou de poisson, toujours riches en épices et parfois agrémentés de fruits secs ou de fruits frais. C'est aussi le nom du plat en terre cuite vernissée dans lequel on les cuit traditionnellement, mais une cocotte fait tout aussi bien l'affaire.

Certaines recettes recommandent de mettre le récipient au four, mais je préfère cuisiner mes tajines sur la plaque chauffante, car il est plus commode ainsi de surveiller l'état d'avancement des opérations. Il suffit de soulever le couvercle de la cocotte, de s'enivrer des odeurs somptueuses qui s'en échappent, d'attendre que la buée se dissipe de ses lunettes et, en signe d'encouragement, de remuer tout ça de quelques coups de cuillère en bois.

Dans la recette suivante, l'agneau cuit doucement au milieu des oignons et des épices, jusqu'à ce qu'il soit bien tendre et parfumé. On le sert alors entouré de poires fondantes et d'amandes grillées. C'est un plat qui allie le sucré et le salé avec subtilité, et qui se prête bien à un dîner d'automne.

Comme la plupart des plats mijotés, le tajine est d'autant meilleur qu'il a cuit longtemps, et l'on peut avantageusement le préparer la veille. En principe, il se mange seul, ou éventuellement avec du pain marocain, mais il m'arrive de flirter avec l'hérésie et de le servir accompagné de semoule, qui se gorge des jus de cuisson avec une évidente félicité.

Tajine d'agneau aux poires

Pour 6 personnes
en plat principal

Ingrédients

- 1 c.s. d'huile d'olive
- 700 g d'épaule d'agneau désossée, détaillée en cubes de 3 cm, épongés avec du papier absorbant
- sel fin
- 500 g d'oignons
- 2 gousses d'ail
- 1 pincée de filaments de safran
- 1/2 c.c. de graines de cumin entières
- 1/2 c.c. de cannelle moulue
- 1/2 c.c. de gingembre moulu
- 1/4 de c.c. de noix de muscade fraîchement râpée
- 1/4 de c.c. de poivre du moulin
- 1 bonne pincée de piment en poudre
- 100 g d'amandes entières mondées
- 15 g de beurre doux
- 1 kg de poires mûres, pelées, évidées, et coupées en quartier (choisissez une variété qui ne tombe pas à la cuisson, comme la conférence ou la williams)
- les feuilles d'un petit bouquet de persil plat frais, environ 15 g, grossièrement hachées, pour la garniture

Accord vin

Château Pradeaux 2000 Bandol (France, Provence, rouge).
Ce plat aux parfums intenses appelle un vin riche et dense, et mérite bien ce bandol : ses saveurs grillées et sauvages sont renforcées par des notes sombres de fruits noirs et des accents salins d'herbe sèche.

1 Faites chauffer l'huile d'olive à feu moyen dans une grande cocotte en fonte ou à fond épais. • Placez la moitié de la viande dans le fond de la cocotte en une seule couche, sans tasser. • Faites brunir 4 minutes sur chaque face, salez, réservez ces morceaux sur une assiette et procédez de même avec le reste de viande.

2 Pendant que vous faites revenir la viande, épluchez et émincez les oignons. • Pelez et hachez l'ail. • Une fois que toute la viande est brunie et mise de côté sur l'assiette, mettez les oignons, l'ail et 1 cuillerée à soupe d'eau dans la cocotte. • Laissez cuire l'ail et l'oignon 10 minutes à feu moyen, en remuant régulièrement. • Ajoutez la viande et les épices (du safran au piment), remuez et prolongez la cuisson 2 minutes pour que les épices grillent et libèrent leurs arômes. • Mouillez d'eau chaude à mi-hauteur de la viande. • Aux premiers frémissements, couvrez et réduisez la flamme à feu doux. • Laissez cuire 2 heures en remuant de temps en temps, jusqu'à ce que la viande soit très tendre.

3 Pendant que la viande mijote, faites griller les amandes à sec dans une grande poêle, jusqu'à ce qu'elles soient dorées. • Réservez. Dans la même poêle, faites fondre le beurre sur feu moyen jusqu'à ce qu'il commence à grésiller. • Ajoutez les quartiers de poire et remuez délicatement pour les enrober de beurre. • Réduisez la flamme à feu doux, couvrez et laissez cuire 12 minutes, jusqu'à ce que les poires soient tendres et légèrement translucides. • Tenez au chaud.

4 Enlevez le couvercle de la cocotte, portez la flamme à feu moyen et laissez réduire 10 à 15 minutes, en remuant régulièrement, jusqu'à ce que la sauce soit assez épaisse pour napper la viande. • Goûtez la sauce et rectifiez l'assaisonnement. • Transférez la viande et la sauce dans un plat de service. • Entourez des poires, saupoudrez d'amandes grillées et de persil, et servez ce tajine accompagné de couscous, si vous le souhaitez.

Soufflés au comté — PAGE 152

Chaussons poireaux et saumon
PAGE
158

Chaussons poireaux et saumon

"

Ma grand-mère adore raconter des histoires, et sa longue vie l'a dotée de provisions inépuisables. Elle a tendance à passer d'une anecdote à l'autre comme si elle déboîtait des poupées russes, mais si vous la réorientez habilement vers l'histoire initiale, vous devriez finir par en avoir le fin mot. J'aime qu'elle me parle de son enfance pendant la Première Guerre ou de sa vie de jeune mère pendant la Seconde, et je suis toujours fascinée quand elle m'explique comment elle passait la frontière belge avec des œufs cachés dans ses jupes ou comment elle économisait les tickets de rationnements. Mais les histoires que je préfère sont celles qui mettent en scène le petit garçon le plus gentil et le plus intelligent du monde (mon père), et son goût immodéré pour le camembert et le gâteau aux pommes (page 222).

Et nous parlons aussi de cuisine. Beaucoup. Elle me demande quelles sont mes dernières trouvailles, et elle me décrit les plats qu'elle aimait préparer quand sa santé le lui permettait encore. Mes grands-parents ont grandi dans le Nord, mais ils ont vécu un peu partout en France après leur mariage, ce qui a été l'occasion pour ma grand-mère de glaner nombre de recettes régionales au fil des ans. Malgré cela, c'est quand elle évoque les spécialités de « son pays » que sa voix se charge le plus d'émotion.

Parmi celles-ci figure la flamique à porions, ou flamiche aux poireaux, une tourte divine qui cache, sous un manteau d'or, des tronçons de poireaux fondants. Ma grand-mère a donné sa recette à ma mère, qui la fait avec autant de talent mais beaucoup moins de beurre, et je l'ai moi-même adoptée dans mon répertoire. La recette suivante est une variation avec du saumon – les poireaux apprécient tant sa compagnie –, que l'on cuit sous forme de chaussons.

Chaussons poireaux et saumon

Pour 4 personnes
en plat principal

Ingrédients

- Pâte brisée (page 52 ; on peut aussi utiliser un rouleau de pâte brisée ou feuilletée prête à l'emploi)
- 30 g de beurre doux
- 1 oignon, finement émincé
- 1 kg de poireaux, le vert presque entièrement retiré, finement émincés et soigneusement rincés (il doit vous rester environ 500 g de poireaux une fois épluchés)
- sel fin et poivre du moulin
- 1 filet de 140 g de saumon frais (ou 120 g de saumon fumé, coupé en dés)
- 1 poignée de feuilles de cerfeuil frais, environ 5 g (ou d'estragon frais ou de persil plat frais)
- 1 jaune d'œuf

Temps de repos

30 minutes pour la pâte

Accord vin

Château de la Chaize 2004, Brouilly (France, Beaujolais, rouge).
Ce vin développe un nez frais et sucré de cerise rouge et un subtil parfum de betterave rôtie. Juteux en bouche et faible en tannins, son palais fruité fait écho à la douceur des poireaux, tandis que son acidité mord dans la richesse du saumon. Ce brouilly supporte d'être légèrement rafraîchi, si l'on préfère.

1 Préparez la pâte brisée en suivant les instructions de la page 52. • Divisez la pâte en quatre portions égales, enveloppez-les de film alimentaire et réservez-les au frais 30 minutes, ou jusqu'à une journée.

2 Faites fondre le beurre dans une grande poêle à feu moyen. • Faites-y cuire les oignons 5 minutes, en remuant régulièrement. • Ajoutez les poireaux. • Salez, poivrez. • Réduisez la flamme à feu doux, couvrez et poursuivez la cuisson 12 à 15 minutes. • Quand les poireaux sont cuits, retirez le couvercle, passez sur feu vif et laissez cuire à nouveau 5 minutes, jusqu'à évaporation presque complète des liquides.

3 Pendant la cuisson des poireaux, préparez le saumon (sautez cette étape si vous utilisez du saumon fumé). • Faites chauffer une petite poêle antiadhésive sur feu moyen. • Ajoutez le saumon, côté peau vers le dessous, et faites revenir 2 minutes sur chaque face ; il doit être opaque à l'extérieur et encore rosé à cœur. • Laissez refroidir, jetez la peau et émiettez le poisson à la fourchette.

4 Incorporez le saumon et le cerfeuil dans la préparation aux poireaux, et mélangez le tout. • Goûtez et rectifiez l'assaisonnement.

5 Préchauffez le four à 200 °C et chemisez la plaque du four de papier sulfurisé. • Battez le jaune d'œuf avec 1 cuillerée à soupe d'eau froide.

6 Préparez les chaussons un par un. • Étalez une portion de pâte en un cercle d'environ 20 cm de diamètre. • Disposez un quart de la garniture sur une moitié de l'abaisse, en laissant un bord de 2 cm. Repliez la pâte en demi-lune sur la garniture. • Roulez les bords de la pâte pour former un petit bourrelet, et pincez pour sceller le chausson. • Dorez le dessus et les bords au jaune d'œuf à l'aide d'un pinceau à pâtisserie, et transférez soigneusement ce chausson sur la plaque en vous aidant d'une spatule rigide. • Procédez de même pour former trois autres chaussons.

7 Enfournez 25 à 30 minutes, jusqu'à ce que les chaussons soient gonflés et bien dorés. Laissez refroidir légèrement avant de servir avec une salade de chicorée bien relevée.

Courgettes rondes farcies au boulgour

“

Lorsque j’ai vu des courgettes rondes pour la première fois sur l’étal de mon maraîcher, elles me sont immédiatement apparues comme l’œuvre d’un horticulteur de génie. J’adore les courgettes farcies, mais la forme allongée des spécimens classiques ne facilite pas le service : maintenir la farce en place au moment de les faire passer du plat à l’assiette peut se révéler manœuvre délicate.

Les courgettes rondes, au contraire, semblent avoir été inventées précisément pour résoudre cet épineux problème : on leur découpe un chapeau (en zigzag, c’est du plus bel effet), on évide l’intérieur à l’aide d’une cuillère, et voilà le réceptacle idéal pour accueillir la farce de son choix.

Il m’arrive de garnir mes courgettes d’une farce à base de viande, mais je préfère celles qui sont aux céréales, parfumées d’épices, de fruits secs et d’herbes. Elles donnent au résultat final une texture plus moelleuse et je trouve qu’elles témoignent de plus d’égards pour la saveur discrète de la courgette.

Courgettes rondes farcies au boulgour

Pour 4 personnes
en plat principal léger

Ingrédients

- 1 c.s. plus 1 c.c. d'huile d'olive, plus 1 c.c. pour le plat
- 8 courgettes rondes, environ 1,5 kg (ou 1,5 kg de courgettes longues)
- sel fin et poivre du moulin
- 200 g de boulgour (blé dur concassé et précuit) à grains moyens
- 2 oignons, finement émincés
- 1/2 c.c. de cannelle moulue
- 1/4 de c.c. de piment en poudre (facultatif)
- 60 g de fromage de chèvre demi-sec, émietté
- 1 poignée de feuilles de menthe, environ 5 g, finement hachées
- 4 c.s. de pignons de pin, grillés à sec

Les courgettes rondes

Choisissez des courgettes fermes, lisses et brillantes, sans trace de coup ni égratignure. Une fois évidées, vous pouvez utiliser les courgettes rondes comme récipients de service, pour un gaspacho ou un taboulé libanais par exemple.

Variantes

On peut utiliser d'autres céréales (orge, quinoa, riz), d'autres aromates (basilic, thym, cumin, curry), d'autres fruits à coque (cerneaux de noix, noix de cajou) ou un autre type de fromage (un bleu pas trop fort ou un fromage à pâte ferme râpé). On peut aussi remplacer les pignons et le fromage par des dés de tomate et des lardons ou des petits morceaux de pancetta, que l'on aura fait revenir.

1 Préchauffez le four à 200 °C (th. 6-7) et graissez un plat à gratin.

2 Rincez et essuyez les courgettes. • Avec un petit couteau d'office, découpez un chapeau dans le haut de chaque courgette. • Évidez la courgette avec une cuillère parisienne en veillant à ne pas transpercer la peau. • Réservez la chair.

3 Mettez les courgettes évidées et les chapeaux dans le plat, arrosez de 1 cuillerée à soupe d'huile d'olive et saupoudrez de sel et de poivre. • Enfournez 25 minutes, jusqu'à ce que les courgettes soient tendres. • Faites cuire le boulgour selon les instructions du paquet et laissez tiédir.

4 Faites chauffer 1 cuillerée à café d'huile d'olive dans une grande poêle, à feu moyen. • Faites-y cuire les oignons 5 minutes, en remuant régulièrement. • Ajoutez la chair réservée des courgettes. • Salez, poivrez. • Couvrez et laissez cuire 5 minutes, en remuant de temps en temps. • Découvrez et prolongez la cuisson 5 minutes, jusqu'à évaporation complète des liquides. Retirez la poêle du feu.

5 Quand les courgettes évidées sont cuites, sortez-les du four (laissez le four allumé) et posez-les la tête en bas dans une assiette sur une double couche de papier absorbant. • Rassemblez la préparation de chair de courgette, le boulgour, la cannelle, le piment, le fromage de chèvre et les pignons dans un saladier. • Mélangez bien le tout à la fourchette. Goûtez et rectifiez l'assaisonnement.

6 Remettez les courgettes à l'endroit dans le plat à gratin, remplissez-les de farce et rendez à chaque courgette son chapeau. Enfournez 10 à 15 minutes et servez.

Accord vin

Frédéric Mabileau, Saint-Nicolas-de-Bourgueil, Les Rouillères, 2004 (France, Loire, rouge).

Le cabernet franc est un cépage qui accompagne particulièrement bien les mets. Ce bourgueil présente un nez très aromatique de mûre, de poivre noir et d'herbes fraîches qui flatte la courgette. Faible en tannins, il a aussi le don d'ouvrir l'appétit.

Bœuf bourguignon

“

Plat d’hiver par excellence, le bœuf bourguignon réconforte et ragaillardit par l’action combinée de ses riches arômes, de sa viande si tendre que le couteau risque de se vexer, et de sa sauce veloutée qui attend depuis toujours le morceau de pain qui viendra la saucer.

Pour un bon bourguignon, trois secrets. D’abord, ne pas lésiner sur la qualité du vin : choisissez une bonne bouteille de rouge modérément corsé, un bourgogne de préférence. Ensuite, il est indispensable que la viande et les légumes passent la nuit à mariner dans ce bon vin pour s’imprégner de toutes ses saveurs. Et enfin, à l’acidité de la sauce doit répondre une note sucrée : certains ajoutent un peu de sucre roux, d’autres un caramel léger. Moi, je mets du chocolat.

Bœuf bourguignon

Pour 6 personnes en plat principal

Ingrédients

- 1 oignon, émincé
- 2 échalotes, émincées
- 3 carottes, pelées et coupées en tranches de 1 cm
- 2 gousses d'ail, hachées
- 2 c.c. de thym frais ou 1 c.c. de thym séché
- 1 poignée de feuilles de persil plat frais, environ 5 g, grossièrement hachées
- 2 feuilles de laurier
- sel fin et poivre du moulin
- 2 c.s. d'huile d'olive
- 1,5 kg de viande de bœuf pour bourguignon (macreuse, gîte, paleron), coupée en cubes de 5 cm
- 1 bouteille (75 cl) de vin rouge sec moyennement corsé, un bourgogne de préférence
- 170 g de poitrine fumée en tranches épaisses, détaillées en lardons de 1 cm
- 3 c.s. de farine
- 40 g de chocolat noir en petits morceaux

Temps de repos

12 heures

Note

Pour des saveurs encore plus intenses, il est préférable de cuisiner le bœuf bourguignon la veille. Préparez la marinade deux jours à l'avance, faites cuire le bourguignon le lendemain et laissez refroidir complètement avant de couvrir et de réserver au réfrigérateur. Le troisième et dernier jour, dégraissez la surface à l'écumoire, réchauffez à feu doux et servez.

Accord vin

Servez le même vin que celui utilisé pour la sauce.

1 Préparez la marinade 12 heures à l'avance, ou la veille. • Mélangez l'oignon, les échalotes, les carottes, l'ail, le thym, le persil et le laurier dans un grand récipient. • Salez et poivrez généreusement, ajoutez l'huile d'olive et mélangez. • Ajoutez le bœuf et le vin, mélangez à nouveau. • Couvrez de film alimentaire et mettez au frais.

2 Lorsque vous êtes prêt à faire cuire le bourguignon, versez le contenu du récipient à travers une passoire posée au-dessus d'un grand saladier pour recueillir séparément la viande et les légumes d'une part, la marinade d'autre part. • Retirez la viande de la passoire et réservez.

3 Faites chauffer une grande cocotte à fond épais sur feu moyen, et faites-y revenir les lardons jusqu'à ce qu'ils soient croustillants. • Retirez-les à l'aide d'une écumoire et réservez. • S'ils ont rendu plus de 2 cuillerées à soupe de graisse, videz l'excédent de graisse dans l'évier.

4 Ajoutez les légumes marinés et faites-les revenir 5 minutes, en remuant souvent pour éviter la coloration. • Retirez-les de la cocotte et réservez.

5 En procédant en deux fois, déposez la viande dans la cocotte en une seule couche et laissez brunir 8 à 10 minutes, en remuant régulièrement pour que la viande soit dorée de toutes parts. • À la fin de la deuxième tournée, remettez les premiers morceaux dans la cocotte, saupoudrez de farine et remuez jusqu'à ce qu'il n 'y ait plus de traces blanches. • Ajoutez les légumes et la marinade et mélangez. Aux premiers frémissements, réglez la flamme sur feu doux, couvrez et laissez mijoter 3 heures. • 1 heure 30 après le début de la cuisson, incorporez le chocolat et les lardons.

6 Au bout des 3 heures, lorsque la viande est extrêmement tendre, retirez le couvercle, portez la flamme à feu moyen et faites réduire 20 minutes en remuant régulièrement, jusqu'à ce que la sauce soit assez épaisse pour napper la viande. • Transférez le bourguignon dans un plat de service ou apportez simplement la cocotte à table, et servez accompagné de pâtes fraîches ou de petites pommes de terre à la peau. • Du bon pain sera également le bienvenu pour saucer l'assiette.

Carbonades flamandes

“

La famille de mon père vient du Nord, mais la plupart d’entre nous

habitent maintenant ailleurs, et je n’avais jamais visité cette région jusqu’à cet été, il y a de cela quelques années, où j’ai dû me rendre à Lille pour un projet sur lequel je travaillais.

Si l’on fait abstraction des fois où il fallait se lever à l’aube pour prendre le train de 6 heures, j’aimais plutôt bien les déplacements professionnels : je les voyais comme une occasion unique de me retrouver seule dans une ville inconnue, d’éparpiller tout mon bazar dans une chambre d’hôtel, de m’inviter à dîner, et de faire comme si j’étais dans un roman. Et cette fois-là, à Lille, j’étais particulièrement ravie de l’occasion qui m’était donnée de fouler du pied la terre de mes ancêtres.

Comme à chaque fois que je voyage, je m’étais renseignée sur les spécialités locales à ne pas manquer. Les gaufres et le potjevleesch (une terrine aux trois viandes) étaient fort tentants, mais ma curiosité était plus vivement aiguisée encore par les carbonades flamandes, un ragoût de viande à la bière que l’on pourrait décrire comme le bœuf bourguignon du Nord, puisque la bière est à la Flandre ce que le vin est à la Bourgogne.

J’ai donc commandé mes toutes premières carbonades un soir, dans un petit restaurant, où elles m’ont été apportées dans une cocotte en fonte, accompagnées d’une montagne de belles et grosses frites. L’ensemble a disparu dans mon estomac (exception faite de la cocotte) et, une fois remise de mes émotions, j’ai ajouté ce plat magnifique à ma liste de projets futurs.

En plus de la viande et de la bière, on met dans les carbonades une généreuse quantité d’oignons, du sucre roux et, pour épaissir et équilibrer la sauce, deux tranches de pain sec tartinées de moutarde. C’est un plat qui cajole et ensorcelle, et qui laisse le mangeur dans un état proche de la béatitude.

Carbonades flamandes

**Pour 6 personnes
en plat principal**

Ingrédients

- 30 g de beurre doux
- 1,5 kg de viande de bœuf pour bourguignon (macreuse, gîte, paleron), coupée en tranches de 3 cm d'épaisseur
- 1/2 c.c. de sel fin
- 1/4 de c.c. de poivre du moulin
- 3 c.s. de farine
- 1 kg d'oignons, émincés
- 75 cl de bière ambrée, bière de garde française ou gueuze de Bruxelles
- 3 c.s. de vergeoise brune ou de cassonade
- 1 c.s. de thym frais (ou 1/2 c.s. de thym séché)
- 2 feuilles de laurier
- 3 clous de girofle entiers
- 2 tranches de 1 cm d'épaisseur de pain de campagne un peu rassis, environ 60 g chacune
- 2 c.s. de moutarde forte

Note

Pour des saveurs encore plus intenses, il est préférable de cuisiner les carbonades la veille. Quand elles sont prêtes, laissez refroidir complètement avant de couvrir et de réserver au réfrigérateur.
Le lendemain, dégraissez la surface à l'écumoire, réchauffez à feu doux et servez.

1 Faites fondre le beurre à feu moyen dans une grande cocotte en fonte ou à fond épais. • Disposez la moitié des morceaux de bœuf dans le fond en une seule couche et laissez brunir 3 à 4 minutes sur chaque face. • Mettez de côté sur une assiette et faites revenir les morceaux restants. • Remettez les morceaux de la première tournée dans la cocotte, saupoudrez de sel, de poivre et de farine ; mélangez bien. • Ajoutez les oignons et mélangez de nouveau – la cocotte paraîtra bien pleine. • Faites cuire 5 minutes, en remuant régulièrement pour ne pas laisser les oignons brunir.

2 Versez 250 ml d'eau chaude dans la cocotte et grattez le fond avec une cuillère en bois pour dissoudre les sucs caramélisés. • Incorporez la bière et encore 250 ml d'eau, remuez et poursuivez la cuisson.

3 Quand le mélange frémit, ajoutez le sucre, le thym, le laurier et les clous de girofle. • Réduisez le feu et laissez mijoter 3 heures à feu doux, en remuant de temps en temps. • Deux heures après le début de la cuisson, tartinez chaque tranche de pain de moutarde et déposez-les à la surface du ragoût. • Sous l'effet de la vapeur, le pain va se détremper et se défaire, donnant ainsi du liant à la sauce.

4 Au bout des 3 heures de cuisson, retirez le couvercle, portez la flamme à feu moyen et laissez réduire 20 minutes, en remuant régulièrement, jusqu'à ce que la sauce soit assez épaisse pour napper la viande. • Servez directement depuis la cocotte, avec des petites pommes de terre vapeur.

Variante

Une autre version de cette recette consiste à remplacer le pain et la moutarde par du pain d'épice (page 226) : ajoutez alors 2 cuillerées à soupe de vinaigre de vin rouge pour déglacer la cocotte, omettez le sucre et ajoutez 100 g de pain d'épice au moment où la recette de base demande d'ajouter le pain.

Accord bière

Vous pouvez servir la même bière que celle utilisée pour la sauce.

Courgettes rondes farcies au boulgour

PAGE 160

Bœuf bourguignon PAGE 162

AUBERGINE
1kg
COURGETTES
1kg
1,80 €
FRANÇAISE
POIVRONS
VERT
Le Kg
HARICOT VERT
€/kg
demeter
7,90 €
1kg
1,80 €
Vert
Bretagne
1kg
4,90 €
La Pièce
1,80

Accompagnements

Ratatouille au four

“

Ma mère et ma grand-mère ont toutes les deux le don de cuisiner des ratatouilles prodigieuses mais, à l'évidence, c'est un gène dont je n'ai pas hérité. Lasse de constater que mes efforts aboutissaient immanquablement à des ratatouilles amères, aqueuses, spongieuses, ou même les trois à la fois, j'ai décidé de changer mon fusil d'épaule et de faire appel à mon ami le four.

Cette méthode n'est certes pas très traditionnelle – des générations de cuisinières provençales jettent sur moi l'anathème – mais elle demande beaucoup moins de baby-sitting que la recette classique. On se contente de mélanger les légumes avec de l'huile d'olive et des herbes, et de glisser le tout au four pendant qu'on va lire ses e-mails. Et un peu plus tard, quand on se souvient tout à coup qu'on avait mis quelque chose à cuire, c'est magique : on retrouve ses légumes tout rôtis et bien caramélisés.

La ratatouille se sert chaude pour accompagner un poisson, une volaille, ou un rôti en croûte d'herbes, mais on peut tout aussi bien la manger froide ou à température ambiante, en guise d'entrée ou pour un déjeuner léger. C'est une merveille avec un œuf poché et des copeaux de comté vieux. Il vaut mieux garder cette recette pour l'été et le début de l'automne, quand les légumes sont en pleine saison. Et si on a le loisir de la préparer à l'avance, elle est encore meilleure le lendemain.

Ratatouille au four

Pour 6 personnes en accompagnement

Ingrédients

- 2 oignons, finement émincés
- 2 gousses d'ail, hachées
- 1 aubergine, coupée en tranches de 1 cm
- 3 courgettes, coupées en tranches de 1 cm
- 2 poivrons, un jaune et un rouge, émincés
- 8 tomates mûres, de préférence des roma ou des tomates en grappe, coupées en tranches de 1 cm
- 1 c.s. de romarin frais ou 1/2 c.s. de romarin séché
- 1 c.s. de thym frais ou 1/2 c.s. de thym séché
- 1/2 c.c. de sel fin
- huile d'olive
- poivre du moulin

1 Préchauffez le four à 180 °C (th. 6). • Mélangez les légumes et les herbes dans un grand saladier. • Salez, arrosez généreusement d'huile d'olive et remuez pour bien imprégner les légumes. • Transférez le tout dans un grand plat à gratin (s'il paraît très plein, pas d'inquiétude : les légumes réduiront à la cuisson).

2 Couvrez le plat de façon hermétique avec du papier d'aluminium et faites cuire au four 45 minutes. • Retirez le papier d'aluminium. • À ce stade, les légumes doivent être tendres et doivent avoir rendu du jus dans le fond du plat. • Remuez et remettez au four 30 à 45 minutes, en remuant de nouveau à mi-cuisson, jusqu'à ce que le jus des légumes ait épaissi et que les légumes soient bien dorés. • Assaisonnez de poivre, goûtez et rectifiez l'assaisonnement.

Courgettes aux olives

“

De tous les accompagnements, c’est la courgette qui est ma petite robe noire, celle que je dégaine quand je ne sais pas quoi mettre, et qui ne me fait jamais défaut. La plupart du temps, je l’accommode si simplement – avec juste un peu d’huile d’olive, de l’ail et quelques herbes – que je pourrais la cuisiner les yeux fermés.

Mais quand j’ai envie de l’accessoiriser, avec une ceinture à grosse boucle ou peut-être un sautoir, cette recette est une excellente variation : quelques olives noires pour le mordant, un peu de vin blanc pour la profondeur, et voilà le compagnon idéal pour une côte de porc grillée, un poulet rôti ou un poisson au four. On peut aussi servir ces courgettes sur des pâtes fraîches ou de la polenta, avec un peu de parmesan râpé.

Courgettes aux olives

Pour 4 personnes en accompagnement

Ingrédients

- 1/2 c.s. d'huile d'olive
- 12 grosses olives noires de type Kalamata, en vrac ou en bocal, égouttées, dénoyautées et hachées
- 1 oignon, finement émincé
- 2 gousses d'ail, hachées
- 700 g de courgettes, finement émincées
- sel fin et poivre du moulin
- 1 c.c. d'herbes de Provence
- 80 ml de vin blanc sec

1 Faites chauffer l'huile d'olive dans une grande poêle à feu moyen. • Ajoutez un quart des olives (réservez le reste) et laissez cuire 1 minute pour qu'elles libèrent leurs arômes. • Incorporez l'oignon et l'ail et laissez fondre 4 minutes en remuant régulièrement pour éviter qu'ils ne colorent. • Ajoutez les courgettes, saupoudrez de sel, de poivre et d'herbes de Provence. • Remuez le tout, couvrez et poursuivez la cuisson 5 minutes.

2 Incorporez le vin blanc, les olives réservées et remuez à nouveau. • Portez la flamme à feu vif et laissez cuire 5 à 7 minutes à découvert, jusqu'à évaporation presque complète des jus de cuisson. • Servez chaud, à température ambiante, ou froid.

Fenouil braisé au romarin

“

Le fenouil et moi entretenons des relations très ambivalentes.

Je hais tout ce qui est anisé, donc je fuis le fenouil cru comme la peste. Mais si vous prenez le même légume, si vous le caramélisez à l'huile d'olive, et si vous le laissez cuire ensuite à l'étuvée dans un bouillon léger, alors mes forces m'abandonnent et je peux avaler des quantités phénoménales de ces quartiers tendres et sucrés, qui s'effeuillent dans leur sauce acidulée.

Le fenouil braisé fait bon ménage avec des brochettes de poisson, d'agneau ou de volaille grillées, et les restes se gardent très bien jusqu'au lendemain. On peut aussi le servir en salade tiède, en laissant fondre dessus de fines tranches de fromage de chèvre.

Fenouil braisé au romarin

Pour 4 personnes en accompagnement

Ingrédients

- 1 kg de fenouil
- 1 c.s. d'huile d'olive
- 1/4 de c.c. de sel fin
- 1 c.s. de romarin frais haché ou 1/2 c.s. de romarin séché
- 120 ml de vin blanc sec
- 120 ml de bouillon de volaille ou de légumes
- 1 c.s. de jus de citron vert

1 Taillez les tiges des bulbes et jetez-les (ou réservez-les pour faire un bouillon). • Coupez chaque bulbe en quatre et découpez le cœur à la base, en en laissant un tout petit peu pour que les quartiers gardent leur forme à la cuisson.

2 Faites chauffer l'huile d'olive dans une grande poêle à feu moyen. Étalez la moitié du fenouil dans le fond de la poêle en une seule couche, sans tasser. • Faites dorer 5 à 7 minutes sur chaque face, en remuant la poêle de temps en temps. • Réservez sur une assiette, rajoutez un peu d'huile dans la poêle et faites dorer le reste du fenouil. • Remettez les morceaux de la première tournée dans la poêle.

3 Saupoudrez de sel et de romarin. • Versez le vin blanc, le bouillon et le jus de citron. • Aux premiers frémissements, couvrez, baissez la flamme à feu doux et laissez cuire 20 à 25 minutes, jusqu'à ce que le fenouil soit bien tendre. • Retirez le couvercle, passez sur feu vif et prolongez la cuisson 5 minutes, jusqu'à ce que le jus devienne sirupeux. • Servez chaud, à température ambiante, ou froid.

Variante

Omettez le jus de citron et remplacez-le par 1/2 cuillerée à café de zeste d'orange et 2 cuillerées à soupe de jus d'orange.

Purée aux anchois

“

Quand j’étais petite, il y avait toujours un paquet de purée Mousline quelque part dans la cuisine. Il était en principe rangé dans le placard au-dessus de l’évier, mais s’il n’y était pas, on pouvait aussi tenter sa chance au-dessus du grille-pain. Lorsque nos parents sortaient le soir, ma sœur et moi dînions souvent du fameux duo purée-jambon, et je nous revois raclant nos bols avec délectation, en pyjama sur les tabourets de la cuisine, pendant que notre mère nouait son foulard devant la glace et que notre père laçait ses chaussures en fredonnant.

Je n’ai personnellement jamais réussi à maîtriser l’art de verser la bonne quantité de lait sur les flocons, et le résultat était généralement soit une soupe de pommes de terre très fluide, soit une mixture si épaisse et si collante que j’aurais pu révolutionner l’industrie du ciment. Dans un cas comme dans l’autre, je trouvais ça divin.

Ce n’est qu’à l’âge de vingt ans que j’ai cuisiné ma première purée maison et découvert avec stupéfaction que c’était en fait beaucoup plus facile à réussir que la purée en flocons. Bien meilleur aussi, me dit-on, mais ma loyauté envers ce plat chéri de mon enfance m’empêche de l’admettre ici.

La purée toute simple est un enchantement, mais on peut, sans la dénaturer, lui ajouter une ou deux bricoles : de la ciboulette ou du persil incorporés au dernier moment, une poignée de noix hachées, quelques copeaux de truffe si l’occasion le justifie, ou bien de l’huile d’olive et des anchois, comme dans la recette ci-dessous.

On ne sent pas le goût des anchois en tant que tels, mais ils relèvent l’ensemble par petites touches piquantes et salines. La purée aux anchois convient bien à un rôti de veau ou à des sardines grillées ; elle est parfaite avec une pièce de bœuf ou un magret.

Purée aux anchois

Pour 4 à 6 personnes
en accompagnement

Ingrédients

- 1 kg de pommes de terre pour purée (bintje, monalisa)
- 1 c.c. de gros sel
- 8 filets d'anchois, égouttés puis hachés
- 2 gousses d'ail, finement hachées
- 1/4 de c.c. de poivre du moulin
- 4 c.s. d'huile d'olive
- 120 g de crème fraîche (ou crème fleurette ou 120 ml de lait)

1 Pelez et découpez les pommes de terre en tranches de 1 cm. • Rincez-les sous l'eau froide et mettez-les dans une grande casserole. • Remplissez la casserole d'eau froide de façon à couvrir les pommes de terre de 2 cm d'eau et ajoutez le sel. • Couvrez et faites chauffer sur feu vif. • Quand l'eau frémit, retirez le couvercle, passez sur feu moyen et poursuivez la cuisson 15 à 20 minutes, jusqu'à ce que les pommes de terre soient tendres sous la pointe d'un couteau.

2 Pendant la cuisson des pommes de terre, réduisez en purée les anchois, l'ail, le poivre et 1 cuillerée à soupe d'huile d'olive en travaillant au pilon dans un mortier, ou à la fourchette dans un bol. • Ajoutez cette préparation à la crème et faites chauffer quelques secondes au micro-ondes (ou dans une petite casserole à feu moyen), en veillant à ne pas laisser bouillir.

3 Égouttez les pommes de terre soigneusement et remettez-les dans la casserole. • Ajoutez la préparation crème et anchois, ainsi que 3 cuillerées à soupe d'huile d'olive. • Mettez la casserole sur feu moyen, et écrasez les pommes de terre à la fourchette ou au presse-purée tout en les mêlant aux autres ingrédients. • Goûtez, rectifiez l'assaisonnement et tenez au chaud jusqu'au moment de passer à table.

Triangles de polenta croustillante

“

Comme sa cousine italienne bénéficie d’une plus grande notoriété,

on oublie souvent que la polenta (ou polente) occupe une place de choix dans la cuisine régionale des Alpes françaises, où elle a été rapportée du Piémont au moment de son annexion par les ducs de Savoie, qui, eux aussi, aimaient rentrer de voyage avec des souvenirs comestibles.

Et pourtant, partout ailleurs en France, il est singulièrement difficile de mettre la main sur un bon paquet de semoule de maïs. Il faut la dénicher dans les magasins bio ou les épiceries italiennes, où l’on vous facture des sommes ahurissantes pour ce qui était à l’origine, rappelons-le, un aliment que les paysans mangeaient faute de mieux, quand les pommes de terre et le pain venaient à manquer.

Par conséquent, quand j’ai des amis qui se rendent dans les Alpes, je m’efforce de faire passer le message que, vraiment, rien ne me ferait plus plaisir qu’un paquet de polenta, moulue à la meule de pierre de préférence. Et lorsqu’ils ont l’infinie gentillesse de m’en rapporter, je les remercie en leur préparant ces triangles : croustillants sur les bords et tendres à cœur, ils sont parfumés au beaufort et aux noix, deux autres produits qui font la fierté de la Savoie.

Les triangles de polenta peuvent accompagner un plat mijoté ou braisé, dont ils laperont la sauce avec application, mais aussi de bonnes saucisses (surtout si vous trouvez des diots, ces petites savoyardes ventrues), ou un simple poisson grillé. Je les sers aussi en apéritif, à manger avec les doigts, ou pour agrémenter une salade.

Triangles de polenta croustillante

Pour 6 personnes en accompagnement, 10 à 12 personnes en hors-d'œuvre

Ingrédients

- 500 ml de lait
- 3/4 de c.c. de sel fin
- 1/4 de c.c. de poivre du moulin
- 160 g de polenta à grains moyens, traditionnelle ou à cuisson rapide
- 1 c.s. d'huile d'olive, plus 2 c.c. pour le plat et la plaque
- 1 c.c. d'herbes de Provence
- 50 g de cerneaux de noix, grillés à sec et concassés
- 100 g de beaufort fraîchement râpé (ou de comté)

Temps de repos

1 heure

Variantes

On peut se passer des noix, ou bien remplacer le beaufort et les noix par du parmesan et des pignons de pin.

1 Faites chauffer le lait et 500 ml d'eau à feu moyen dans une grande casserole à fond épais. Salez et poivrez. • Aux premiers frémissements, versez la polenta en pluie tout en remuant au fouet. • Passez sur feu doux et continuez de mélanger sans laisser bouillir, jusqu'à ce qu'elle épaississe et se détache des parois de la casserole. • Comptez environ 5 minutes pour une polenta à cuisson rapide et 30 minutes pour une polenta traditionnelle. • Dans ce dernier cas, après les cinq premières minutes, ce n'est plus la peine de mélanger constamment : il suffira de remuer de temps en temps pour éviter que la polenta n'attache au fond. (Méfiance : en cuisant, la polenta a tendance à former de grosses bulles qui peuvent vous brûler les mains en éclatant.)

2 Retirez la casserole du feu, incorporez l'huile, les herbes de Provence, les noix et la moitié du fromage (couvrez l'autre moitié et réservez au réfrigérateur). • Graissez un grand moule à gratin rectangulaire avec 1 cuillerée à café d'huile, versez la polenta dedans et étalez-la en couche lisse à la spatule. • Couvrez en posant du film alimentaire directement sur la polenta et mettez au frais 1 heure, ou toute la nuit.

3 Préchauffez le four à 200 °C (th. 6-7). • Chemisez la plaque du four avec du papier d'aluminium et graissez ce dernier de 1 cuillerée à café d'huile. • Avec un couteau bien aiguisé, découpez la polenta en carrés d'environ 5 cm x 5 cm (essuyez la lame régulièrement lorsqu'elle se couvre de polenta) et coupez chaque carré en deux triangles. • Avec une spatule – fine et étroite de préférence –, transférez les triangles sur la plaque en les espaçant un peu. • Saupoudrez du fromage râpé réservé ; ne vous inquiétez pas si quelques pluches de fromage atterrissent sur le papier d'aluminium.

4 Enfournez 10 à 12 minutes, jusqu'à ce que les bords des triangles soient légèrement croustillants. • Passez en position gril et laissez dorer 5 minutes en surveillant bien. • Laissez refroidir 1 minute et décollez les triangles à l'aide de la spatule. • Servez immédiatement, ou à température ambiante.

TRAPPE ECHOURGNAC
affiné à la liqueur de Noix
8€,60
VENACCO
276
BRIN D'AMOUR
31,20 euros le kilo
BERGER BASQUE

Plateau de fromage

Plateau de fromage

“ J’adore commander du fromage dans les restaurants gastronomiques.

Le serveur s’approche alors en poussant un énorme chariot pour que je choisisse ce que j’ai envie de goûter, et je me sens comme un enfant chez le marchand de bonbons. Je montre du doigt les variétés que je ne connais pas pour apprendre leur nom, je m’émerveille, j’ai un mal fou à me décider, et je m’efforce de réfréner mes ardeurs : si je m’écoutais, je prendrais volontiers un morceau de chaque, mais j’ai comme l’impression que ce ne serait pas très bien vu (et de toutes façons, il faut que je garde de la place pour le dessert).

Une fois que mon choix est fait, le serveur découpe les fromages élus d’une main experte, en utilisant un couteau propre pour chacun, dispose les morceaux en cercle sur une assiette, et remet soigneusement en place sur le plateau les cloches de verre qui coiffent les fromages les plus odorants. De sa main gantée, il dépose alors l’assiette devant moi, regarnit ma provision de pain, et s’éloigne avec son chariot, me laissant me délecter de ma sélection. Le plaisir est le même chez le fromager, lorsque l’on constitue un plateau pour un dîner, à ceci près qu’il faut se décider un peu plus rapidement, à cause des autres clients qui trépignent derrière en soufflant fort par le nez.

On présente généralement sur un plateau de fromages entre trois et six variétés, davantage si l’on reçoit un grand nombre de convives. Les fromages que l’on choisit doivent avant tout refléter ses propres goûts, mais l’idée est quand même de proposer une sélection harmonieuse qui conjugue différents types de laits (vache, chèvre, brebis), différentes forces de goût (doux, modéré, fort) et différentes familles de fromages (pages 185-187).

On peut aussi composer un plateau thématique autour d’un même type de lait ou d’une même famille de fromages, à condition que chaque spécimen apporte son grain de sel à la discussion. (Je garde un souvenir ému d’un plateau de ce type dégusté dans une ferme-auberge en Provence tenue par une famille sarde, qui élevait des chèvres et fabriquait du fromage avec leur lait. L’éventail des saveurs et des textures était tellement époustouflant – frais et moelleux, crémeux et acidulé, dur comme la pierre et affûté comme une lame de rasoir – qu’on en aurait presque oublié qu’il existait d’autres fromages que le fromage de chèvre.) Et si l’on arrive à mettre la main sur un fromage fermier particulièrement exceptionnel, il ne faut pas hésiter à le laisser jouer en solo.

Il est d'usage de disposer les fromages sur un plateau fait d'une matière naturelle (bois, verre, marbre) sans qu'ils se touchent, et en suivant l'ordre dans lequel ils doivent être dégustés, du plus doux au plus fort.

Dans sa plus simple expression, le plateau de fromages est servi seul, avec du pain en quantité généreuse. On n'a encore rien trouvé de mieux qu'une baguette bien fraîche, mais un pain de campagne ou un pain au levain seront tout aussi appréciés.

Vous pouvez aussi accompagner le plateau d'une salade verte, légèrement assaisonnée d'un filet d'huile d'olive ou de noix, mais rien ne vous y oblige, surtout si vous avez déjà servi de la salade en entrée. Les fruits frais sont une excellente alternative, et permettent de rafraîchir le palais entre deux variétés : en fonction de la saison, on peut servir du raisin, des lamelles de pommes ou de poires, des quartiers de figues fraîches, des fruits rouges, des abricots (frais ou secs), des noix ou des amandes fraîches...

Le moment venu, on fait passer le plateau de fromages autour de la table. Chaque convive se sert à l'aide du couteau posé sur le plateau (c'est toujours bien d'avoir un couteau à fromage, mais n'importe quel couteau à lame lisse fera l'affaire) et essuie discrètement la lame sur un morceau de pain entre deux fromages, pour ne pas laisser de traces de l'un sur l'autre. La façon correcte de découper un fromage dépend de sa forme, mais la règle de base est que tous les morceaux doivent avoir une portion équitable de cœur et de croûte : les fromages ronds ou carrés se coupent en parts comme un gâteau, les bûches se coupent en tranches, et les fromages de type comté se coupent en bâtonnets dans la longueur, de la partie la plus fine vers la plus épaisse.

En ce qui concerne le mariage du vin et du fromage, le vin rouge est loin d'être la seule possibilité. De fait, les produits laitiers supportent mal les vins tanniques ; un vin blanc formera donc un accord plus harmonieux qu'un rouge corsé. La stratégie la plus sûre consiste à choisir un vin qui provient de la même région que le fromage auquel on veut l'assortir, mais ce qui rend l'exercice périlleux, c'est que chaque fromage mériterait en réalité son propre compagnon (pages 185-187). Dans le cas d'un plateau très varié, optez pour l'accord le plus léger : il vaut mieux que les fromages forts manquent un peu de soutien, plutôt que de voir les plus doux se faire marcher sur les pieds. Et si toute cette discussion vous donne la migraine, continuez simplement avec le dernier vin servi pendant le repas : c'est ce que font la plupart des gens et à ma connaissance, cela n'a jamais tué personne.

Choisissez de préférence des fromages fermiers et au lait cru : la complexité de leurs saveurs est incomparable. Gardez-les enveloppés dans l'emballage du fromager ou dans du papier sulfurisé ; évitez le papier d'aluminium, qui risque de les oxyder, et le film plastique, qui les empêche de respirer. Idéalement, le fromage se conserve dans un endroit frais, sombre et bien ventilé comme un cellier, mais les citadins se contenteront de leur réfrigérateur. Sortez les fromages 30 minutes à 1 heure avant de les servir (à l'exception des fromages frais) pour les ramener à température ambiante, ce qui révèle leurs saveurs et rend leur texture plus souple.

Le jeu des sept familles

“ À l'origine, le fromage a été inventé pour conserver le lait quand on en avait en abondance, et être sûr d'avoir l'apport journalier recommandé en calcium pendant les mois où les animaux cessaient d'en produire. Je trouve absolument fascinant de constater que le même principe de base et plus ou moins la même matière première – le lait – ont conduit à une telle variété de fromages selon la région, la race des animaux, de quoi ils ont été nourris, les techniques de production, le talent du fromager, et les heureux hasards de la vie.

Pour la plupart des fromages français, on peut décomposer le procédé de fabrication en quatre étapes :

Le caillage

On fait chauffer le lait avec des ferments lactiques et de la présure pour le faire coaguler et ainsi séparer la partie solide, le caillé, de la partie liquide, le petit-lait.

L'égouttage

Le caillé est tranché ou brisé, puis égoutté, afin d'éliminer le petit-lait. Dans certains cas, on fait ensuite chauffer le caillé pour le cuire et le sécher.

Le moulage

On verse le caillé dans des moules perforés, où il continue de s'égoutter et prend sa forme définitive. Certains fromages sont pressés dans les moules pour éliminer encore plus de petit-lait. Une fois que le caillé a suffisamment séché pour garder sa forme, il est démoulé. À ce stade, on peut frotter le fromage avec du sel (on obtiendra ainsi une croûte épaisse) ou le passer dans un bain de saumure. On peut aussi ensemencer la surface du fromage avec une moisissure spécifique, l'envelopper dans des feuilles d'arbres ou dans de l'étamine, ou encore le percer à l'aide de longues aiguilles pour encourager la propagation de la moisissure à l'intérieur du fromage.

L'affinage

On laisse le fromage mûrir en cave, en contrôlant la température et le degré d'humidité. La maturation peut durer d'une journée à trois ans, et même au-delà. Plus l'affinage est long, plus le fromage est sec et corsé. Il est très difficile de dénombrer avec précision toutes les variétés de fromages qui existent en France, mais les spécialistes s'accordent à dire qu'il y en a au moins cinq cents. Au-delà des appellations les plus connues, il existe une multitude de petits producteurs et de spécialités locales qui échappent au radar de la distribution hexagonale, et une petite virée à la campagne conduit immanquablement à des découvertes délectables. (Bien que le fromage ne soit pas le compagnon de voyage le plus plaisant, je ne résiste jamais à l'envie d'en rapporter quelques-uns.)

Le vaste paysage des fromages français peut être divisé en sept familles, définies selon leur mode de fabrication

1 Les fromages frais

Le caillé est peu égoutté, de sorte qu'il conserve une bonne partie de son petit-lait. Il est ensuite moulé, mais ne subit pas d'affinage. Les fromages frais sont généralement salés, et parfois aromatisés – de poivre, d'épices, d'ail, d'herbes, etc. Ce sont des fromages tendres et humides à la saveur douce et presque sucrée, avec une pointe acidulée. Un bon fromage frais exhale une légère (et délicieuse) odeur d'étable et de foin. Ceux que l'on trouve au supermarché sont parfaits pour la cuisine, mais seuls les fromages frais fermiers méritent leur place sur un plateau.

Accord vin : un vin léger et fruité, rouge ou blanc, servi frais.

2 Les fromages à pâte molle et croûte fleurie (camembert, brie de Meaux, coulommiers, saint-félicien)

Le caillé est égoutté, mais n'est ni chauffé, ni pressé. Un certain type de moisissure (que l'on appelle la « fleur », terme indubitablement plus poétique) est appliqué sur toute la surface du fromage. Au fur et à mesure de l'affinage se développe une croûte blanche et veloutée, tandis que le cœur devient souple et crémeux. La force de ces fromages dépend essentiellement de la durée de l'affinage. La croûte est comestible.

Accord vin : un vin rouge rond et souple, comme un jeune côtes-du-rhône ou un jeune pinot noir d'Alsace.

3 Les fromages à pâte molle et croûte lavée (époisses, munster, livarot, maroilles, reblochon)

Le caillé est égoutté, mais n'est ni chauffé, ni pressé. Une fois démoulé, le fromage est régulièrement plongé dans un bain de saumure ou une culture de bactéries. Ces fromages ont une couleur rouge ou orange caractéristique, une croûte molle et parfois légèrement collante, et une odeur âcre très prononcée (cela dit, si le fromage sent l'ammoniac, c'est qu'il n'a pas été correctement affiné). La saveur de ces fromages est en fait assez douce lorsqu'ils sont encore jeunes, mais il y a des gens qui ont du mal à faire abstraction de l'odeur. La croûte est comestible.

Accord vin : un vin rouge corsé ou une eau-de-vie, comme un marc de Bourgogne, un calvados ou un vieux whisky.

4 Les fromages à pâte molle et croûte naturelle (banon, vacherin, mont d'or, rocamadour, brindamour, saint-marcellin, crottins)

Le caillé est égoutté, mais n'est ni chauffé, ni pressé. Une fois démoulé, le fromage peut être enveloppé dans de l'écorce ou des feuilles d'arbre, recouvert de cendre ou d'herbes aromatiques, ou simplement laissé en paix. Ces fromages sont généralement assez doux, mais ils deviennent de plus en plus corsés avec l'âge. La croûte se mange, mais les feuilles et les écorces sont rarement comestibles.

Accord vin : un vin blanc sec et fruité, comme un riesling ou un sauvignon blanc.

5 Les fromages à pâte persillée (roquefort, fourme d'Ambert, bleu d'Auvergne, bleu de Termignon)

Le caillé est égoutté, mais n'est ni chauffé, ni pressé. On applique une moisissure particulière sur le fromage, que l'on transperce ensuite avec de longues aiguilles pour permettre à la moisissure de se développer dans ces canaux étroits, ce qui donne au fromage toute sa saveur. De texture crémeuse et légèrement friable, les fromages à pâte persillée n'ont pratiquement pas de croûte. Leur saveur est typiquement forte et piquante, mais un bleu bien affiné ne devrait pas être agressif.

Accord vin : un vin blanc demi-sec, comme un vouvray ou un jurançon ; un vin blanc muté, comme un banyuls ou un maury.

6 Les fromages à pâte pressée non cuite ou fromages à pâte semi-ferme (cantal, morbier, abondance, mimolette, saint-nectaire, tommes)

Le caillé est pressé mécaniquement pour en extraire le maximum de petit-lait. Il s'agit généralement de fromages de montagne qui nécessitent une longue période d'affinage – au moins deux mois, et parfois plusieurs années. Leur saveur est intense, et leur texture onctueuse et souple, parfois légèrement friable. Leur croûte est trop dure pour être mangée, mais on peut l'ajouter à une soupe pour la parfumer (en retirant la cire, si cire il y a).

Accord vin : un vin fruité, blanc ou rouge.

7 Les fromages à pâte pressée cuite ou fromages à pâte ferme (comté, beaufort, emmental, tête-de-moine)

La méthode de fabrication de ces fromages est la même que pour les pâtes semi-fermes, à ceci près que le caillé est ici chauffé avant le moulage. Il s'agit généralement de fromages de montagne qui se présentent sous forme de grandes roues. De texture ferme mais souple, ils développent souvent des arômes de noisette. Avec le temps, ils prennent une saveur plus vive, deviennent friables, et l'on constate la formation de cristaux délicats qui croquent sous la dent. Leur croûte est trop dure pour être mangée, mais on peut l'ajouter à une soupe pour la parfumer.

Accord vin : un vin blanc de caractère, comme un bourgogne ou un vin de Savoie ; un vin muté pour les spécimens les plus corsés.

SAUCISSON
1 Kg 33,00 €
SAUCISSE SECHE
Kg 30,00 €
MAIGRE - AU JAMBON
Salaisons PYRENEENNES
LA
Kg 25,90 €
POITRINE FUMEE

Buffet

“ Un anniversaire, un nouvel appartement, la nouvelle année, l’arrivée du printemps – ce ne sont pas les prétextes qui manquent pour organiser une fête…

…mais en réalité il n’est pas vraiment nécessaire d’en avoir un. Il suffit d’être pris de l’envie subite de réunir ses amis pour bavarder, boire, manger, et peut-être même danser, au risque de s’attirer les foudres du voisin du dessous.

Pour ces fêtes, je prépare deux sortes de choses à manger : un assortiment de bouchées apéritives pour accueillir les invités au fur et à mesure qu’ils font leur apparition, et quelques plats plus conséquents servis sous forme de buffet plus tard dans la soirée, lorsque tout le monde est arrivé.

La planification du menu ressemble beaucoup à celle d’un dîner classique (pages 142 et suivantes), mais il faut ici privilégier les plats qui peuvent être préparés à l’avance et dégustés à température ambiante ; les plats faciles à partager et qui peuvent être mangés debout, à l’aide d’une simple fourchette, sans morceaux de viande récalcitrants et sans rien qui gicle ni ne dégouline.

Je vous déconseille de multiplier par deux ou trois vos recettes préférées, sauf si vous êtes sûr qu'elles se prêtent bien à l'exercice. La plupart du temps, c'est raté – il n'y a pas assez de sauce ou alors beaucoup trop, c'est fade ou au contraire extraordinairement salé – et, de toute façon, n'importe quel plat servi dans un saladier géant cesse instantanément d'être appétissant. Je préfère donc cuisiner plusieurs plats de taille normale, en sachant que les invités apprécieront la variété et que chacun goûtera un peu de tout.

Le plateau de fromages, qui ne demande pas trop d'efforts, trouve toujours son public : il finit généralement la soirée dans un piteux état, chacun se faisant fort d'ignorer les règles élémentaires de découpe, mais c'est très amusant à observer. Choisissez quatre ou cinq fromages différents et pas trop odorants, pour éviter l'effet « vestiaire de gym ». Et n'oubliez pas de prévoir du pain en grande quantité : mieux vaut en avoir trop que pas assez. Vous pourrez toujours congeler ce qui reste.

Les desserts doivent idéalement satisfaire les deux grands profils de gourmands. Il faut quelque chose de furieusement chocolat pour les gens qui adorent ça, et quelque chose de frais et fruité pour les autres : une tarte de saison, un crumble, ou un simple panier de fruits (optez pour des variétés qui peuvent se manger avec les doigts sans s'en mettre partout). Quant aux petits gâteaux et biscuits, ils sont simplissimes à servir – rien à découper – et c'est souvent ce qui disparaît en premier.

Si vous avez des amis qui cuisinent et que vous avez besoin d'un peu d'aide (si j'en crois mon expérience, on a toujours besoin d'un peu d'aide), demandez-leur s'ils veulent bien apporter quelque chose. En vous efforçant de ne pas avoir l'air trop directif, assurez-vous que ce sera un plat que vous pourrez placer directement sur la table, après l'avoir tout au plus réchauffé, et suggérez le genre de préparation qui complétera bien ce que vous avez vous-même prévu : une salade, une tarte salée, une terrine, un gâteau, etc.

Les recettes qui suivent sont toutes adaptées au service sous forme de buffet, mais elles feront tout aussi bonne figure dans d'autres circonstances bien sûr, lors d'un repas classique ou d'un pique-nique.

Mini-quiches poulet et noix de cajou

“

Ces quiches sans pâte font de jolies bouchées bien charnues, à picorer ou à dévorer, c’est selon. Garnies de poulet, de tomates et de noix de cajou, elles font ensuite un petit séjour au four, d’où elles reviennent bronzées et légèrement croustillantes, mais encore moelleuses à l’intérieur.

Ce sont de bons petits soldats pour un buffet : on peut les manger tièdes ou à température ambiante, et elles peuvent être préparées la veille (on les réchauffera 10 minutes à four chaud).

Mini-quiches poulet et noix de cajou

Pour 12 quiches moyennes
ou 24 mini-quiches

Ingrédients

- 1 c.c. d'huile d'olive, plus un peu d'huile pour les moules
- 1 gousse d'ail, hachée
- 170 g de blanc de poulet fermier cru, sans la peau (ou 150 g de restes de poulet rôti)
- 3/4 de c.c. de sel fin
- 1/2 c.c. de poivre du moulin
- 4 tomates, olivettes ou roma, environ 350 g
- 3 œufs
- 375 ml de lait
- 90 g de farine complète (ou de farine blanche)
- 100 g de comté ou de gruyère fraîchement râpé
- 2 c.s. d'estragon frais haché (de coriandre ou de persil plat frais)
- 90 g de noix de cajou, grillées à sec et grossièrement concassées

Variante

En automne et en hiver, vous pouvez préparer ces quiches en version champignon : remplacez l'estragon par du persil plat et les tomates par 250 g de champignons de Paris.

1 Commencez par faire cuire le poulet s'il est cru. • Faites chauffer l'huile d'olive dans une petite poêle à feu moyen. • Faites revenir l'ail quelques secondes, jusqu'à ce qu'il libère ses arômes. • Ajoutez le poulet et assaisonnez de 1/4 de cuillerée à café de sel et de 1/4 de cuillerée à café de poivre. • Couvrez et laissez dorer 3 à 4 minutes sur chaque face, jusqu'à ce que le poulet soit juste cuit à cœur.

2 Coupez la viande en dés de 1 cm. • Coupez les tomates en deux et enlevez le cœur. • Jetez le jus et les pépins et détaillez la chair en petits dés.

3 Battez les œufs dans un saladier. • Ajoutez le lait et continuez de battre. Incorporez la farine, assaisonnez de 1/2 cuillerée à café de sel et de 1/4 de cuillerée à café de poivre et battez soigneusement – cette préparation sera plutôt liquide. • Ajoutez le poulet, les tomates, le fromage, l'estragon et les noix de cajou. • Mélangez bien. (Vous pouvez préparer cette pâte la veille et la conserver, couverte, au réfrigérateur. Remuez avant emploi le lendemain.)

4 Préchauffez le four à 220 °C (th. 7-8) et graissez une plaque à muffins ou à mini-muffins avec de l'huile d'olive.

5 Répartissez la préparation dans les moules et enfournez 25 à 35 minutes, selon la taille des quiches, jusqu'à ce qu'elles soient dorées et gonflées. • Laissez reposer 2 minutes sur une grille. • Démoulez, laissez refroidir 10 minutes, et servez chaud ou à température ambiante.

Accord vin

Beaujolais, domaine de la Madone, 2004 (France, Beaujolais, rouge).
Le beaujolais s'accorde particulièrement bien avec le duo poulet-tomate. Léger et d'une belle acidité, celui-ci développe des notes fruitées de cerise, de framboise et de violette. Un pinot Grigio ou un autre vin léger et vif formerait aussi un bel accord.

Minicroque-monsieur

“

Lorsque ma mère faisait des croque-monsieur pour le déjeuner, je jouais les sous-chefs à ses côtés : je l'aidais à beurrer le pain, à découper le jambon en lanières et à produire, en quelques tours de manivelle de notre râpe orange vif, une petite montagne duveteuse de fromage râpé. Une fois les croque-monsieur assemblés, elle les faisait griller à la flamme de la cuisinière, dans un moule spécial qui leur imprimait en bas-relief la forme d'une coquille Saint-Jacques.

Quand j'étais petite, c'était la croûte que j'aimais le moins. Je m'en acquittais en premier comme d'un pensum, pour pouvoir mieux me concentrer sur le carré de pain qui restait alors, petit coussin rembourré, croustillant et mordoré. À son tour, celui-ci était découpé en cubes délicats que je dégustais un par un en conservant, et c'était très important, un motif symétrique dans mon assiette.

Le croque-monsieur se prête volontiers à la miniaturisation : lorsque j'en sers sous forme de petites bouchées, elles se volatilisent avant que j'aie eu le temps de sortir de la cuisine, et je pense qu'une large part de ce succès vient de ce que je retire la croûte, pour épargner cette peine à mes invités.

Minicroque-monsieur

Pour 32 à 36 pièces selon la taille du pain

Ingrédients

- 8 grandes tranches de pain de mie blanc ou aux céréales, ou 16 tranches moyennes, environ 350 g
- 40 g de beurre doux ramolli
- 100 g de comté ou de gruyère finement râpé
- 170 g de jambon blanc, découenné et détaillé en lanières
- poivre du moulin

Variante

Étalez un peu de moutarde sur le jambon une fois que vous l'avez déposé sur les tranches de pain. Pour un repas rapide et néanmoins divin, préparez un croque-monsieur de taille normale plutôt que miniature, et recouvrez-le d'un œuf au plat : sans la moindre intervention chirurgicale, votre croque-monsieur s'est métamorphosé en croque-madame.

1 Préchauffez le four à 200 °C (th. 6-7) et chemisez la plaque du four de papier d'aluminium ou de papier sulfurisé.

2 En travaillant sur une grande planche à découper, beurrez les tranches de pain, découpez la croûte et jetez-la (ou laissez-la sécher une journée à l'air libre avant de la réduire en chapelure au mixeur). • Retournez les tranches de telle sorte que leur face beurrée soit vers le dessous. • Répartissez le fromage entre toutes les tranches, recouvrez la moitié des tranches de pain de lanières de jambon et saupoudrez de poivre. • Assemblez les tranches en sandwich deux par deux, une tranche garnie de jambon et une tranche sans jambon, faces beurrées vers l'extérieur, et transférez ces sandwichs sur la plaque du four.

3 Enfournez 10 minutes, jusqu'à ce que les sandwichs soient dorés sur le dessus. • Sortez la plaque du four (laissez-le allumé). • Transférez les sandwichs sur la planche à découper et laissez refroidir quelques minutes avant de les manipuler. • Avec un couteau à pain, découpez chaque sandwich en neuf carrés égaux si vous utilisez de grandes tranches ou en quatre pour les tranches moyennes. • Retournez chaque mini-croque au fur et à mesure que vous les replacez sur la plaque du four, et remettez au four 7 minutes, pour faire dorer l'autre côté. • Laissez refroidir quelques minutes, et servez chaud ou à température ambiante.

Accord vin

Pouilly-Fuissé, Laboure Roi 2004 (France, Bourgogne, blanc).
Ce chardonnay présente des arômes de beurre et de pain grillé qui s'accordent à merveille avec cette recette. Malgré ses accents de chêne, c'est un vin légèrement fruité, aux notes de pomme et de poire. Il offre également un léger parfum de miel et de noisette, et une douce acidité.

Gâteau de quinoa, champignons et bacon

“

Je peux facilement passer des heures dans les épiceries bio. Celles que l'on trouve à Paris sont – comme tout le reste d'ailleurs – bien plus petites que leurs cousines américaines, dans lesquelles je pouvais me perdre des journées entières, mais elles ne manquent pas non plus d'ingrédients insolites qui ne demandent qu'à prendre place dans mon assiette.

Ce qui m'enthousiasme tout spécialement, c'est la variété de céréales que l'on y découvre : le blé, le riz ou l'avoine ont peu de secrets pour la plupart d'entre nous, mais combien peuvent en dire autant de l'amarante et du millet, du petit épeautre et de l'orge perlé ? Indépendamment de leurs vertus nutritionnelles et de leur histoire fascinante (certaines de ces céréales sont cultivées depuis des millénaires, et j'adore l'idée de manger la même chose que le peuple inca), elles ouvrent vraiment de nouveaux horizons pour les papilles.

Le quinoa, originaire des Andes, est particulièrement facile à adopter : ses graines cuisent plus vite que la plupart des céréales et se déploient alors en de minuscules escargots dont la texture est à la fois mousseuse et croustillante, ce qui, vous en conviendrez, n'est pas commun.

Dans la recette suivante, la saveur de noisette du quinoa est mise en relief au contact de la poitrine fumée et des champignons. Coupé en parts ou en gros cubes, ce gâteau salé fera bonne figure sur un buffet d'automne, ou pour le déjeuner, avec une salade frisée.

Gâteau de quinoa, champignons et bacon

Pour 10 à 12 personnes en plat principal ou comme élément d'un buffet

Ingrédients

- 270 g de quinoa cru, rincé
- 170 g de poitrine fumée, coupée en tranches fines
- 1 oignon, haché
- 500 g de champignons de Paris, sans les pieds, brossés et émincés
- 1 c.c. d'huile pour le moule
- 3 œufs
- 60 g de crème fraîche
- 1/2 c.c. de sel fin
- 1/2 c.c. de poivre du moulin
- 2 poignées de feuilles de persil plat frais, environ 10 g, hachées

Variante

À la fin du printemps ou en été, utilisez des cubes de fromage de chèvre, des dés de tomates et du basilic à la place du bacon, des champignons et du persil.

1 Faites cuire le quinoa au bouillon ou à l'eau salée en suivant les instructions sur le paquet. • Égouttez et réservez. • Dans une poêle, faites revenir les tranches de poitrine fumée à feu vif, jusqu'à ce qu'elles soient dorées et croustillantes. • Transférez-les sur une assiette recouverte de papier absorbant et émiettez-les grossièrement une fois qu'elles ont complètement refroidi.

2 Videz l'excès de graisse de la poêle dans l'évier et réduisez la flamme à feu moyen. • Laissez fondre l'oignon 8 minutes, en remuant régulièrement. • Ajoutez les champignons émincés, couvrez et poursuivez la cuisson 5 minutes. • Retirez le couvercle et laissez cuire encore 2 minutes, jusqu'à évaporation presque complète des liquides.

3 Préchauffez le four à 200 °C (th. 6-7) et graissez un moule à gâteau à fond amovible de 25 cm de diamètre à l'huile d'olive.

4 Travaillez les œufs, la crème, le sel et le poivre au fouet dans un grand saladier. • Ajoutez le quinoa et la préparation aux champignons. • Mélangez bien le tout, puis incorporez la poitrine fumée et le persil. • Versez cet appareil dans le moule, lissez la surface à la spatule et enfournez 35 minutes, jusqu'à ce que le dessus soit doré et croustillant. • La pointe d'un couteau planté au centre doit ressortir sèche.

5 Laissez reposer 5 minutes sur une grille. • Passez la lame d'un couteau tout autour du moule pour décoller le gâteau et retirez le bord amovible du moule. • Découpez le gâteau en parts ou en carrés avec un couteau à dents, et servez chaud ou à température ambiante. • Vous pouvez préparer le gâteau la veille et le conserver au réfrigérateur, soigneusement enveloppé de papier d'aluminium. • Réchauffez 10 minutes au four à 180 °C (th. 6) avant de servir.

Accord vin

Grenache, The Fifteen 2000 (France, Languedoc-Roussillon, rouge).

Un vin aux arômes de champignon et de terre humide, avec des accents de poivre noir et d'épices fumées. Bien qu'assez fruitées, ses notes secondaires de cerise noire sont suffisamment discrètes pour ce plat.

Mini-quiches poulet et noix de cajou

PAGE
192

Cake tomate, pistache et chorizo
PAGE 200

Cake tomate, pistache et chorizo

“

Coupé en tranches ou en petits cubes, le cake salé fait de fréquentes apparitions lors des buffets, pique-niques, et autres apéros. À dire vrai, je les trouve souvent bien trop secs, au point de vous obliger à faire passer chaque bouchée avec une grande rasade d’eau, ou bien, s’il n’y a pas de verre à portée de main, à faire de grands moulinets avec les bras pour signaler que vous êtes en train de vous étouffer.

J’ai moi-même produit mon quota de cakes pas terribles, mais je ne parvenais pas à renoncer à l’ambition d’en faire un vraiment bon. J’ai donc expérimenté avec différentes proportions d’ingrédients jusqu’à ce que je comprenne enfin – « Eurêka ! » s’écria la cuisinière dans son bain – qu’un simple yaourt était le secret du moelleux que je cherchais.

Cette recette, ménage à trois entre la pistache, la tomate séchée et le chorizo, est l’une de mes versions préférées.

Cake tomate, pistache et chorizo

Pour 8 à 10 personnes en entrée ou comme élément d'un buffet

Ingrédients

- 15 g de beurre doux pour le moule
- 2 c.s. de graines de sésame blond, une pour le moule, une pour le dessus du cake
- 150 g de farine
- 1 c.s. rase de levure chimique (1 sachet)
- 3 œufs
- 1/2 c.c. de sel fin
- 1/2 c.c. de poivre du moulin
- 4 c.s. d'huile d'olive
- 150 g de yaourt nature, de yaourt à la grecque ou de lait fermenté (kéfir ou lait ribot)
- 100 g de chorizo, de préférence épicé, sans la peau, coupé en dés
- 12 moitiés de tomates séchées en bocal, égouttées et détaillées en dés
- 100 g de pistaches décortiquées non salées, grillées à sec (en vente dans les magasins de produits naturels ou dans les épiceries orientales ; si vous ne trouvez que des pistaches salées, reportez-vous à la page 103)
- les feuilles d'un petit bouquet de persil plat frais, environ 15 g, hachées

1 Préchauffez le four à 180 °C (th. 6). • Beurrez un moule à cake de 24 cm x 12 cm. • Saupoudrez le moule de la moitié des graines de sésame et inclinez-le en tapotant pour en chemiser le fond et les parois.

2 Mélangez la farine et la levure dans un bol. • Dans un saladier, battez les œufs, le sel et le poivre. Incorporez l'huile et le yaourt et battez à nouveau. • Versez la farine dans le mélange aux œufs et incorporez soigneusement à la cuillère en bois. Ne travaillez pas trop la pâte, ce n'est pas grave s'il reste quelques grumeaux. • Incorporez le chorizo, les tomates séchées, les pistaches et le persil. • Mélangez le tout. • Versez cette préparation dans le moule, lissez le dessus avec une spatule et saupoudrez du reste des graines de sésame.

3 Enfournez 40 à 50 minutes, jusqu'à ce que le cake soit doré et que la pointe d'un couteau planté au centre ressorte sèche. • Laissez refroidir quelques minutes, passez la lame du couteau autour du cake pour le décoller des parois, démoulez et laissez refroidir complètement sur une grille. • Découpez le cake en tranches ou en cubes juste avant de servir. (Vous pouvez préparer ce cake la veille : gardez-le au frais, bien enveloppé de papier d'aluminium, et portez-le à température ambiante avant de servir.)

Variante

Optez pour des figues ou des dattes séchées à la place des tomates séchées. On peut utiliser la même pâte (de la farine au yaourt) pour d'infinies combinaisons d'ingrédients – fruits à coques, herbes, olives, petits dés de légumes grillés ou sautés, lamelles de jambon ou de poulet, dés de fromage, fruits frais, etc.

Accord vin

Rioja Crianza, Montecillo 2001 (Espagne, Rioja, rouge).

Ce vin présente un nez de cerise noire, d'épices poivrées et de cuir, qui développe des notes similaires en bouche, avec des arômes de cerise et de figue bien équilibrés. Moyennement corsé et assez tannique, il offre une acidité suffisante pour s'accorder avec les tomates.

Terrine de foies de volaille aux figues

“

Au-delà de la robustesse de leurs saveurs, ce que j'apprécie dans les

terrines de viande, c'est que leurs recettes ont souvent été élaborées pour utiliser des morceaux que l'on dit « bas ». Cela en fait non seulement des préparations très économiques, mais aussi autant d'occasions de réparer l'injustice causée à ces morceaux, dont on fait habituellement si peu de cas.

Il est assez rare que le cuisinier des villes se lance dans la réalisation de ses propres terrines : on en trouve si facilement à la charcuterie, pourquoi se fatiguer ? Et comme la plupart des recettes font appel à des ingrédients un peu déroutants (crépine, fraise, gras-double), il se rend alors chez son boucher, sa petite liste en main et de l'hésitation dans la voix, espérant que le professionnel, lui au moins, saura de quoi il s'agit.

Mais la recette qui suit ne présente aucune difficulté d'approvisionnement : elle nécessite de simples foies de volailles, que l'on se procure sans mal chez le boucher, et tempère leur force de caractère d'une rasade de porto et de quelques dés de figues séchées. Accompagnée de tranches épaisses de pain grillé, cette terrine apporte une touche rustique-chic à un buffet, et peut également être servie en entrée. Il vaut mieux la préparer la veille : une nuit de repos permet à sa texture de prendre et à ses saveurs de se développer.

Terrine de foies de volaille aux figues

Pour 10 à 12 personnes en entrée ou comme élément d'un buffet

Ingrédients

- 450 g de foies de volaille
- 120 ml de porto
- 8 figues séchées
- 100 g de beurre doux, coupé en dés
- 2 échalotes, hachées
- 1 gousse d'ail, hachée
- 1 c.c. de thym frais (ou 1/2 c.c. de thym séché)
- 2 feuilles de laurier
- 1/2 c.c. de sel fin
- 1/4 de c.c. de poivre du moulin

Temps de repos

2 heures pour la marinade, 6 heures pour la terrine

Variantes

On peut préparer la terrine avec d'autres fruits secs, notamment des pruneaux ou des abricots. On peut aussi y mettre des noix ou des noisettes, en plus ou à la place des fruits. Pour une texture plus rustique, réservez quelques foies cuits au moment où vous vous apprêtez à les réduire en purée : hachez-les grossièrement et incorporez-les à la fin, en même temps que les fruits.

1 Rincez les foies de volaille sous l'eau froide, égouttez-les et enlevez les filaments blancs. • Épongez avec du papier absorbant et mélangez avec le porto dans un bol. • Couvrez et mettez au frais 2 heures.

2 Posez une passoire fine au-dessus d'un autre récipient et versez-y le contenu du bol, afin de réserver les foies et la marinade séparément. • Lavez le premier bol, mettez-y les figues, couvrez d'eau frémissante et laissez-les se réhydrater pendant que vous poursuivez la recette.

3 Faites fondre 20 g de beurre dans une grande poêle à feu moyen. • Laissez fondre les échalotes et l'ail 3 minutes. • Ajoutez les foies de volaille égouttés, le thym, le laurier, le sel, et le poivre. • Laissez cuire 4 minutes, en retournant les foies à mi-cuisson. • Incorporez la marinade réservée, portez la flamme à feu vif et poursuivez la cuisson 6 à 8 minutes, jusqu'à évaporation presque complète des liquides. Les foies doivent être bruns, mais encore tendres. • Retirez la poêle du feu, jetez les feuilles de laurier et laissez refroidir 5 minutes.

4 Transférez la préparation aux foies dans le bol du robot et réduisez en purée. • Ajoutez le reste de beurre et mixez par impulsions jusqu'à obtention d'une texture lisse. • Égouttez les figues, essuyez-les sur du papier absorbant, coupez-les en petits dés et incorporez-les à la préparation aux foies. • Goûtez et rectifiez l'assaisonnement.

5 Versez cette préparation dans deux bocaux en verre de 250 ml, en tassant bien et en veillant à ne pas laisser de poches d'air. • Appliquez un morceau de film alimentaire directement sur la surface de chaque terrine, fermez les bocaux et laissez reposer au frais au moins 6 heures, une nuit entière si possible. • Servez légèrement frais.

Accord vin

Piper Heidsieck NV Brut Cuvée (France, Champagne, blanc pétillant).
Ce champagne est délicieusement complexe, avec un nez d'agrumes, de minéraux, et une légère note de levure. Il est intensément pétillant, généreux et charnu, mais assez frais pour trancher avec la richesse de la terrine.

Crumble de courgettes, figues et mozzarella

“

Je suis toujours à la recherche de nouveaux moyens de mettre en scène mon amie la courgette, et il m'est un jour venu l'idée de la frotter au sucre miellé de la figue et à la fraîcheur laiteuse de la mozzarella. Cet accord, qui était à peine plus au départ que le fruit du hasard (j'avais ces ingrédients-là sous la main et leurs couleurs harmonieuses semblaient de bon augure), est vite devenu un classique dans ma cuisine.

Ce trio peut être décliné avec succès sous la forme d'un sandwich grillé, d'une salade, d'une tarte salée ou d'un crumble, comme dans la recette suivante : la mozzarella et les figues jettent une couverture douillette sur les épaisses rondelles de courgette, et la garniture croustillante relève avec entrain leurs saveurs combinées.

On servira ce crumble lors d'un buffet ou comme plat principal d'un dîner, entre la fin du printemps et le début de l'automne, quand les figues sont bien charnues et si sucrées, qu'une goutte de sirop s'échappe parfois de leur nombril.

Crumble de courgettes, figues et mozzarella

Pour 4 personnes en plat principal, pour 6 à 8 personnes en entrée ou comme élément d'un buffet

Ingrédients

- 2 c.c. d'huile d'olive
- 1 gousse d'ail, hachée
- 1 kg de courgettes, coupées en tranches de 1/2 cm
- sel fin et poivre du moulin
- 75 g de chapelure
- 45 g de beurre doux bien froid, coupé en dés
- 60 g de parmesan fraîchement râpé
- 2 c.c. de thym frais (ou 1 c.c. de thym séché)
- 250 g de mozzarella – de préférence de la mozzarella de bufflonne
- 6 figues mûres, sans les queues, coupées en six

Chapelure maison

- Pour préparer votre propre chapelure, découpez en tranches les restes d'un pain de campagne. Laissez-les rassir sur le comptoir de la cuisine un jour ou deux, jusqu'à ce qu'elles soient complètement sèches.
- Passez au mixeur – évitez l'heure de la sieste, c'est extrêmement bruyant – et transférez la chapelure dans une boîte hermétique.
- Vous pouvez la conserver jusqu'à deux mois à température ambiante, ou plus longtemps au congélateur.

1 Faites chauffer l'huile d'olive à feu vif dans une grande poêle. • Faites revenir l'ail quelques secondes, pour qu'il libère ses arômes. • Ajoutez les courgettes. • Salez et poivrez. • Couvrez, réduisez la flamme à feu moyen, et laissez cuire 6 minutes. • Retirez le couvercle et poursuivez la cuisson 5 à 6 minutes, en remuant de temps en temps jusqu'à évaporation presque complète des liquides. • Les courgettes doivent être tendres, mais pas réduites en purée.

2 Pendant que les courgettes cuisent, mélangez la chapelure, le beurre, le parmesan et le thym dans un saladier, et travaillez les ingrédients du bout des doigts ou avec un coupe-pâte jusqu'à ce qu'ils prennent une consistance de semoule. • Vous pouvez préparer les courgettes et le crumble la veille ; conservez-les séparément au réfrigérateur dans des récipients hermétiques.

3 Préchauffez le four à 200 °C (th. 6-7). • Disposez les tranches de courgettes dans le fond d'un grand plat à gratin. • Coupez la mozzarella en fines tranches et épongez-les avec du papier absorbant pour éviter qu'elles ne rendent trop d'eau à la cuisson. • Disposez le fromage et les figues sur les courgettes. • Saupoudrez du crumble et enfournez 20 minutes, jusqu'à ce que le tout soit doré et bien chaud. • Servez immédiatement ou à température ambiante.

Accord vin

Bordeaux blanc, réserve Marquis de Chasse 2003 (France, Bordeaux, blanc).
Dans cet assemblage, le sauvignon blanc exprime des notes d'agrumes et d'herbe qui s'allient à la courgette, tandis que le cépage Sémillion, généreux et rond en bouche, développe des saveurs où l'on sent poindre la figue.

Mousseline de cabillaud à l'aubergine

"

J'ai été initiée à la mousseline, cette terrine de poisson mousseuse,

lors du cours de cuisine traditionnelle que j'ai suivi il y a quelques années : comme mon éducation culinaire s'est formée principalement en observant ma mère ou en apprenant seule, je m'étais aperçue que certaines bases classiques manquaient à mon arsenal, des choses indispensables comme les salmigondis, la sauce Mornay, ou la façon convenable de trousser un poulet.

Véritable machine à remonter le temps, ce cours revisitait chaque mardi l'époque fastueuse de la cuisine française, quand tout commençait par une bonne plaquette de beurre, quand les carottes tournées et les poireaux en sifflet représentaient le summum de l'élégance, et quand on noyait de béchamel le moindre crustacé.

C'était un cours d'histoire autant que de cuisine, et je m'amusais beaucoup de ces spécialités aux noms kitsch – œufs pochés Toupinel, potage Colombine, talmouses en tricorne –, même si la plupart des élèves le reconnaissaient volontiers : le résultat n'avait que peu d'attrait pour nos palais modernes.

Mais étudier les bases de la cuisine, c'est un peu comme apprendre le latin : le but n'est pas de le parler – du moins pas tous les jours – mais de mieux comprendre les racines et la grammaire des langues qui en dérivent. En effet, j'y ai glané nombre d'astuces et de tours de main, et tous ces plats ont été une source d'inspiration inattendue : j'ai vite remarqué qu'ils avaient tendance à se glisser dans ma cuisine de tous les jours, après quelques ajustements pour les adapter à mon goût.

C'est l'un de ces projets de rénovation qui a donné la terrine ci-dessous : la mousseline traditionnelle est faite de poisson et de crème, mais j'ai remplacé cette dernière par du caviar d'aubergine. Cette substitution conserve à la terrine sa texture mousseuse et son charme désuet, mais lui donne une saveur plus ensoleillée, et plus légère. Je prépare moi-même le caviar d'aubergine si j'ai le temps (page 98) ou bien je l'achète tout fait, et je sers la terrine accompagnée d'un coulis de poivrons rouges.

Mousseline de cabillaud à l'aubergine

Pour 10 personnes
en entrée ou comme
élément d'un buffet

Ingrédients

- 450 g de filets de cabillaud, sans la peau, décongelés le cas échéant
- 1/4 de c.c. de sel fin
- 1/2 c.c. de piment en poudre
- 2 blancs d'œufs
- 250 ml de caviar d'aubergine, fait maison (page 98) ou acheté tout fait
- 2 poignées de feuilles de persil plat frais, environ 10 g, grossièrement hachées, plus quelques brins en garniture
- 1 bocal de 400 g de poivrons rouges grillés, bien égouttés, ou 1 kg de poivrons rouges, grillés maison (page 59)
- 2 c.s. d'huile d'olive
- 1 gousse d'ail pelée

Accord vin

Chablis, Domaine d'Elise Petit 2004 (France, Bourgogne, blanc).
Une terrine de poisson comme celle-ci appelle un vin vif et délicat – deux qualités que possède justement ce petit chablis, qui offre des arômes de pomme verte et une légère amertume de citron sur des notes minérales.

1 Préchauffez le four à 180 °C (th. 6) et chemisez un moule à cake de 24 cm x 12 cm de papier sulfurisé de telle sorte qu'une bonne marge de papier dépasse tout autour du moule.

2 Retirez les arêtes qui pourraient rester dans le poisson à la pince à épiler et détaillez les filets en petits morceaux. • Mettez le cabillaud, le sel et le piment dans le bol du robot et réduisez en purée, en travaillant par impulsions brèves. • Ajoutez les blancs d'œufs et le caviar d'aubergine, mixez pour mélanger et incorporez le persil haché. • Transférez cette préparation dans le moule chemisé, en veillant à ne pas laisser de poches d'air, et lissez la surface à la spatule.

3 Posez le moule à cake dans un plat à gratin, et versez de l'eau chaude dans le plat à hauteur de 2 cm du fond du moule à cake. • Enfournez 35 minutes, jusqu'à ce que la surface de la mousseline soit prise.

4 Pendant ce temps, préparez le coulis. • Nettoyez soigneusement le bol du robot. • Épépinez et pelez les poivrons rouges. Mettez-les avec l'huile d'olive et l'ail dans le bol du robot. • Mixez jusqu'à obtention d'une texture onctueuse et transférez dans un petit pichet ou un bol.

5 Posez une grille sur une grande assiette. • Sortez du four le plat avec le moule. • Sortez la mousseline du moule en tirant avec précaution sur le papier sulfurisé et transférez la mousseline, toujours dans son papier, sur la grille. • Si du jus de cuisson s'écoule de la mousseline (ce qui arrivera ou non, en fonction du caviar d'aubergine utilisé), faites quelques entailles dans le papier sulfurisé à la base de la mousseline pour que le liquide s'égoutte dans l'assiette.

6 Laissez refroidir jusqu'à ce que la mousseline soit tiède ou à température ambiante. • Découpez-la en tranches, garnissez de persil et servez accompagnée du coulis de poivrons. • Vous pouvez préparer la mousseline et le coulis la veille : enveloppez soigneusement la mousseline froide de papier d'aluminium, couvrez le coulis de film alimentaire et mettez au frais. Portez à température ambiante avant de servir.

Gourmandise

“Ma mère est excellente pâtissière, et mes tout premiers souvenirs culinaires me montrent perchée sur un tabouret, l'aidant à mesurer et à mélanger les ingrédients de ses gâteaux et biscuits. C'est donc par la porte du sucré que je suis entrée en cuisine, et dès que j'ai eu mon propre appartement et un four à ma disposition, je l'ai joyeusement réquisitionné pour une longue série d'essais pâtissiers : ce four a vu passer, je dois bien l'avouer, beaucoup plus de cookies que de tomates farcies.

Il y a quelque chose d'infiniment fascinant dans la pâtisserie, cet art qui s'appuie sur un petit nombre d'ingrédients primaires – beurre, sucre, farine, œufs – pour des résultats d'une variété extraordinaire, cette alchimie qui se déroule dans l'ombre mystérieuse des fours fermés. Quelque chose d'infiniment satisfaisant aussi, puisque la recherche du plaisir est sa seule raison d'être : lorsqu'on décide de faire des sablés, c'est rarement parce qu'on recherche dans le beurre la vitamine A dont on pense manquer.

La pâtisserie de ma mère a toujours eu l'élégance des choses simples, et à son répertoire figurent à peu près autant de classiques français – quatre-quarts et tartes aux fruits, charlottes et îles flottantes – que d'imports anglo-saxons – scones et muffins, coffee cakes et crumbles. Lorsque j'habitais chez mes parents, elle nous préparait généralement un dessert léger une fois par semaine, un gâteau ou des sablés pour le goûter le week-end, et une tarte pour le déjeuner du dimanche.

Je ne suis pas moi-même aussi prolifique – ça ferait beaucoup pour deux personnes, même gourmandes – mais, à la moindre occasion qui le justifie, je ne résiste pas à l'appel du rouleau à pâtisserie.

Gâteaux

Gâteau chocolat et courgette

“

Le nom de mon blog m’est venu un soir, lors d’un voyage en bus qui me faisait traverser Paris pour aller dîner chez mes parents. Assise à la fenêtre, un cahier sur les genoux, je réfléchissais à un nom qui sonnerait bien et qui nous représenterait assez fidèlement, mon appétit et moi. Après quelques pages d’idées – dont certaines assez lamentables, il faut bien le dire –, j’ai aperçu Chocolate & Zucchini sur un cintre, je l’ai essayé, et il s’est avéré aussi confortable et bien ajusté que mon jean préféré.

C’était un nom qui me plaisait, mais je ne me suis pas un seul instant demandé si les deux ingrédients-titres pourraient jamais cohabiter dans la même recette. Aussi, lorsque j’ai appris qu’il était fréquent, dans certaines régions du monde, de mettre à profit l’excédent de courgettes du potager pour faire des gâteaux, il m’a semblé urgent d’ajouter à mon répertoire un Chocolate & Zucchini Cake.

L’accord peut sembler bizarre aux non-initiés – je ne compte plus les haussements de sourcils ni les froncements de nez – mais c’est un vrai travail d’équipe qui est à l’œuvre ici : la courgette donne au gâteau sa texture mousseuse et moelleuse, mais elle a la délicatesse de se mettre en retrait sur le plan des saveurs, laissant le chocolat exprimer ses riches arômes et sa volupté.

Vous pourriez même servir ce gâteau sans dire qu’il y a de la courgette dedans : personne n’en saurait jamais rien, et vous pouvez compter sur mon absolue discrétion. Mais je trouve bien plus amusant de révéler d’emblée la présence de cet ingrédient clé, pour voir l’expression des goûteurs passer du scepticisme gêné à la surprise émerveillée, comme s’ils venaient d’avaler un tour de magie. « De la courgette, vraiment ? » Une pause, et puis : « On peut en reprendre ? »

Selon mon humeur, le temps qu’il fait, et la position des étoiles, je fais ce gâteau soit au beurre, soit à l’huile d’olive : le premier lui donne de la rondeur et un petit goût de noisette, tandis que la seconde lui prête des notes poivrées. Le gâteau C&Z peut jouer en soliste à l’heure du goûter ; en dessert, on peut l’accompagner d’une crème anglaise (page 214) ou d’une glace au yaourt.

Gâteau chocolat et courgette

Pour 12 personnes

Ingrédients

- 110 g de beurre doux, à température ambiante, ou 120 ml d'huile d'olive, plus 1 noix de beurre ou 1 c.c. d'huile pour le moule
- 240 g de farine
- 60 g de poudre de cacao non sucrée
- 1 c.c. de bicarbonate de soude
- 1/2 c.c. de levure chimique
- 1/2 c.c. de sel fin
- 180 g de cassonade
- 1 c.c. d'extrait naturel de vanille
- 1 c.c. de granules pour café instantané
- 3 œufs
- 350 g de courgettes, râpées (environ 1,5 courgette moyenne ; conservez éventuellement la dernière moitié en garniture)
- 160 g de pépites de chocolat noir (ou de chocolat noir grossièrement haché)
- Sucre glace ou chocolat noir fondu (facultatif)

1 Préchauffez le four à 180 °C (th. 6) et graissez un moule à gâteau à fond amovible de 25 cm de diamètre avec du beurre ou de l'huile.

2 Dans un saladier, mélangez la farine, la poudre de cacao, le bicarbonate de soude, la levure et le sel. • Mettez le beurre et la cassonade dans le bol du robot et mixez pour obtenir un mélange crémeux (vous pouvez aussi travailler à la main, armé d'une bonne spatule). • Ajoutez la vanille, le café instantané et les œufs un par un, en mélangeant bien après chaque ingrédient.

3 Réservez un tiers du mélange à la farine et ajoutez le reste à la préparation aux œufs. • Ne travaillez pas trop la pâte ; elle sera assez épaisse.

4 Incorporez les courgettes et les pépites de chocolat dans le mélange à la farine réservé et remuez pour bien les enrober. • Ajoutez le tout dans la pâte et mélangez sans excès avec une cuillère en bois. • Versez cet appareil dans le moule et lissez la surface à la spatule.

5 Enfournez 40 à 50 minutes. La pointe d'un couteau planté au centre doit ressortir sèche. • Mettez à refroidir 10 minutes sur une grille. • Passez la lame d'un couteau sur les bords pour détacher le gâteau et enlevez le cercle amovible. • Laissez refroidir complètement et servez à température ambiante, saupoudré de sucre glace, nappé de chocolat fondu, ou décoré de quelques tranches de courgette crue (que vous n'êtes toutefois pas obligé de manger).

Accord vin

Maury Mas Amiel Cuvée spéciale 10 ans d'âge (France, Languedoc-Roussillon, rouge muté).

Ce vin doux naturel présente un nez de pruneau et de cacao, à la manière d'un porto ; à la fois léger et velouté en bouche, il développe des saveurs chaudes de fruits mûrs et de caramel.

Crème anglaise

“

La crème anglaise est une sauce épaisse à la vanille que les Français ont empruntée aux Anglais, probablement pendant une guerre ou une autre, en oubliant de la leur rendre. C’est l’accompagnement idéal pour de nombreux desserts – gâteaux, compotes, crumbles – mais c’est si bon que les restes peuvent être mangés comme ça, à la petite cuillère, avec éventuellement quelques fruits rouges si vous insistez.

La recette classique fait appel à un nombre stupéfiant de jaunes d’œufs, ce qui la rend très riche et très facile à rater, parce que chacun de ces jaunes d’œufs n’a qu’une envie, c’est de coaguler gaiement. La recette que j’utilise à la place est celle de ma mère, qui la tient elle-même de sa mère, ce qui me permet de qualifier cette recette, sans craindre l’exagération, de recette de famille. C’est une version simplifiée, plus légère et quasiment inratable.

Faire soi-même sa crème anglaise demande de s’y prendre un peu à l’avance, pour donner à la crème les quelques heures dont elle a besoin pour refroidir. Mais on peut la faire la veille, et d’ailleurs une bonne nuit de sommeil dans le réfrigérateur lui fait le plus grand bien. On peut la servir à température ambiante, mais je la préfère froide.

Crème anglaise

Pour 500 ml

Ingrédients

- 500 ml de lait
- 1 œuf
- 50 g de sucre
- 1,5 c.c. d'extrait naturel de vanille
- 1 c.s. bombée de fécule de maïs (type Maïzena)

1 Posez une passoire fine au-dessus d'un saladier à proximité de la cuisinière.

2 Portez le lait à ébullition dans une casserole. • Pendant ce temps, battez l'œuf, le sucre et la vanille dans un bol. • Ajoutez la fécule de maïs et mélangez bien. • Dès que le lait commence à bouillir, retirez la casserole du feu. • Versez une petite quantité de lait dans le bol, un demi-verre environ, et battez pour l'incorporer. • Versez ce mélange dans la casserole. • Laissez chauffer sur feu moyen quelques minutes sans laisser bouillir (pour éviter que l'œuf ne cuise) et en remuant constamment à la cuillère en bois. • Lorsque de la vapeur commence à apparaître à la surface et que vous voyez quelques bulles se former sur les bords, retirez la casserole du feu.

3 À ce stade, la crème doit être assez épaisse pour napper la cuillère en bois (passez votre doigt sur le dos de la cuillère : si la trace reste bien nette, la crème est prête). • Sinon, continuez de remuer quelques minutes, hors du feu, et recommencez le test.

4 Versez la crème dans la passoire au-dessus du saladier et aidez-la à passer à l'aide de la cuillère en bois. • Laissez refroidir à température ambiante ; pour accélérer le mouvement, placez le saladier de crème dans un saladier plus grand à moitié rempli de glaçons, et laissez reposer 20 minutes. • Posez un film alimentaire directement sur la crème, couvrez le saladier avec une assiette et réservez au réfrigérateur jusqu'à ce que la crème soit bien froide. • Remuez à nouveau avant de servir. • On peut préparer cette crème au maximum une journée à l'avance.

Variantes

Vous pouvez parfumer la crème anglaise avec une gousse de vanille plutôt que de l'extrait : ouvrez la gousse en deux sur toute la longueur, grattez les graines et mettez la gousse et les graines dans le lait froid avant de le faire bouillir. Après avoir passé la crème, remettez la gousse dedans jusqu'au moment de servir. Vous pouvez aussi remplacer la vanille par 2 cuillerées à café de zeste d'agrume finement râpé, que vous incorporerez dans le lait avant de le faire bouillir. Jetez le zeste après avoir passé la crème.

Gâteau chocolat et framboise

“

Comme tous les fans inconditionnels de chocolat, je me pâme devant les gâteaux denses et plantureux dont la sombre intensité vous submerge à chaque bouchée.

C’est donc bien volontiers que je vendrais mon âme pour une dose quotidienne de fondant 100 % chocolat, mais j’apprécie tout autant la version suivante, qui y mêle quelques framboises écrasées. Le résultat est aussi férocement chocolat, mais les framboises ajoutent un tintement léger qui retentit dans le sillage de chaque vague chocolatée.

On fera ce gâteau la veille, pour laisser aux saveurs le temps de fleurir, et on le servira avec une poignée de framboises et un peu de crème fraîche ou de yaourt velouté. C’est un gâteau somptueusement riche, dont une fine tranche devrait suffire à satisfaire les envies de chocolat les plus irrépressibles. En théorie.

Gourmandise

Gâteau chocolat et framboise

Pour 12 personnes

Ingrédients

- 225 g de beurre doux, plus une noix pour le moule
- 225 g de chocolat noir
- 200 g de sucre
- 4 œufs
- 200 g de framboises (décongelées le cas échéant), plus une douzaine en garniture
- 40 g de farine
- 1 c.c. de fleur de sel (ou 1/2 c.c. de sel fin)

Temps de repos

8 heures

1 Préchauffez le four à 180 °C (th. 6) et graissez un moule à gâteau à fond amovible de 25 cm de diamètre avec une noix de beurre.

2 Faites fondre le beurre et le chocolat au bain-marie (ou dans un bol résistant à la chaleur posé au-dessus d'une casserole d'eau frémissante), en remuant de temps en temps pour mélanger. • Transférez la préparation au chocolat dans un saladier, ajoutez le sucre et incorporez-le à la cuillère en bois. • Laissez refroidir 5 minutes. • Ajoutez les œufs un par un, en remuant bien après chaque œuf.

3 Écrasez grossièrement les framboises à la fourchette, ajoutez-les dans la préparation au chocolat, et mélangez. • Ajoutez la farine, le sel et mélangez à nouveau, mais sans excès.

4 Versez la pâte dans le moule et enfournez 30 minutes. • Éteignez le four et laissez le gâteau 5 minutes dans le four fermé. • Mettez-le à refroidir sur une grille 10 minutes, passez la lame d'un couteau autour du gâteau pour le détacher et enlevez le cercle amovible. • Laissez refroidir complètement, couvrez soigneusement de film alimentaire et réservez 8 heures au réfrigérateur, si possible toute la nuit. • Sortez le gâteau 30 minutes avant de servir et garnissez de framboises fraîches.

Variantes

Remplacez les framboises par des dés de mangue, du cassis (écrasé et passé au chinois pour enlever les pépins), ou des cerises noires (dénoyautées et hachées) ; vous pouvez aussi ne pas mettre de fruits du tout. Si vous aimez l'accord chocolat-liqueur, ajoutez-en 1 cuillerée à soupe dans la préparation : mariez les framboises avec du porto, la mangue avec un rhum agricole ambré, le cassis avec de la crème de cassis ou les cerises avec de l'armagnac. À la place des fruits, vous pouvez aussi incorporer à la préparation 100 g de fruits à coque (noix de pécan, noix de macadamia, pistaches, cacahuètes), grillés à sec et finement hachés.

Accord vin

2004 Rosa Regale Brachetto d'Acqui D.O.C.G. (Italie, Piémont, rouge pétillant).
Un vin légèrement sucré et faible en alcool, dont les arômes complexes forment un mariage d'exception avec le chocolat. Ses notes fruitées de framboise, de fraise et de pétale de rose font écho aux framboises écrasées et ses bulles modèrent la richesse du gâteau.

Gâteau chocolat et framboise PAGE 216

Gâteau à la ricotta, abricot et pistache
PAGE 220

Gâteau à la ricotta, abricot et pistache

“

Chez mes parents, le goûter était une véritable institution, et la journée avait un goût de trop peu si nous ne nous étions pas retrouvés autour de la table basse, assis en tailleur sur le tapis ou blottis au creux du canapé, pour manger quelque chose de sucré et boire des litres de thé.

Quand j’étais en terminale – l’année où j’ai découvert, fort contrariée, que certaines matières demandaient qu’on y mette quand même un peu du sien –, je m’accrochais à la promesse de ce goûter comme à une bouée de sauvetage pour traverser les week-ends entiers passés à réviser. (La tablette de chocolat aux noix de macadamia cachée dans le premier tiroir de mon bureau était assez efficace aussi.)

J’aimais tellement ce rituel de fin d’après-midi que je l’ai emporté avec moi quand j’ai quitté la maison. Je me contente le plus souvent de quelque chose de sain et de vertueux (lorsque les fées se sont penchées sur mon berceau, elles m’ont fait don d’un goût sincère pour les pommes) mais, le week-end, j’aime bien inviter des amis pour le goûter et nous concocter quelque gourmandise à partager.

Ce gâteau à la ricotta est parfait pour ce genre d’occasion : surmonté de pistaches grillées et d’abricots acidulés, c’est un gâteau délicieusement satisfaisant à déguster avec une tasse de thé, et particulièrement avec un rooibos, ce thé rouge d’Afrique du Sud à la saveur douce et profonde.

Gourmandise

Gâteau à la ricotta, abricot et pistache

Pour 8 à 10 personnes

Ingrédients

- 110 g de beurre doux à température ambiante, plus une noix pour le moule
- 200 g de sucre, plus 1 c.s. pour le dessus du gâteau
- 3 œufs
- 250 g de ricotta, de préférence artisanale
- 1 c.c. d'extrait naturel de vanille
- 300 g de farine
- 1/2 c.c. de sel fin
- 2 c.c. de levure chimique
- 1 c.s. de zeste d'orange finement râpé, prélevé sur une orange bio
- 80 g de pistaches décortiquées non salées, grillées à sec (en vente dans les magasins de produits naturels ou dans les épiceries orientales ; si vous ne trouvez que des pistaches salées, reportez-vous à la page 103)
- 12 abricots frais et mûrs, coupés en deux (ou 24 oreillons d'abricots congelés, qu'il sera inutile de décongeler).

1 Préchauffez le four à 180 °C (th. 6) et graissez un moule à gâteau à fond amovible de 25 cm de diamètre avec la noix de beurre.

2 Dans le bol d'un robot (ou dans un grand saladier si vous travaillez à la main), mélangez le beurre et les 200 g de sucre pour obtenir une texture crémeuse. • Incorporez les œufs un par un, la ricotta et l'extrait de vanille, en mélangeant bien après chaque ingrédient.

3 Dans un autre récipient, mélangez la farine, le sel et la levure. • Ajoutez ce mélange ainsi que le zeste d'orange dans la préparation aux œufs. • Mélangez sans excès. La pâte sera épaisse. • Incorporez la moitié des pistaches (réservez l'autre moitié pour la garniture) et versez cette préparation dans le moule, en lissant la surface à la spatule.

4 Disposez les abricots en cercles sur la pâte, côté peau vers le dessous, en partant de l'extérieur. • Vous pouvez les tasser un peu car ils vont réduire à la cuisson. • Saupoudrez de la cuillerée à soupe de sucre et de l'autre moitié des pistaches.

5 Mettez au four 50 minutes à 1 heure. • La pointe d'un couteau planté au centre doit ressortir sèche. • Laissez refroidir 10 minutes sur une grille. • Passez la lame d'un couteau autour du gâteau pour le détacher, enlevez le cercle amovible et laissez refroidir complètement avant de servir. • Ce gâteau est meilleur le jour même, mais il se garde deux jours à température ambiante, soigneusement enveloppé de papier d'aluminium.

Variantes

À la place des abricots et des pistaches, vous pouvez mettre des poires et des noix, des pommes et des noisettes, ou des figues fraîches et des amandes.

Le gâteau de Mamy

“

Ceci est une recette que ma grand-mère paternelle a donnée à ma mère, et que nous appelons simplement « gâteau de Mamy » (ma sœur dit que ça s'écrit « Mamie » et pas « Mamy », mais c'est mon livre donc c'est moi qui décide). Ma grand-mère l'avait elle-même reçue des décennies plus tôt de son amie roumaine, Ella. Elle en parle donc comme du « gâteau d'Ella », et on peut sûrement remonter ainsi la chaîne des noms jusqu'à l'origine des temps.

Quel que soit le nom qu'on choisit de lui donner, c'est un régal, à l'heure du thé comme pour le dessert, en automne comme en hiver : une pâte blonde et beurrée, des morceaux de pomme qui fondent entre la langue et le palais, et un pourtour délicatement caramélisé qu'il est recommandé de manger en dernier.

Le gâteau de Mamy

Pour 6 à 8 personnes

Ingrédients

- 125 g de beurre doux
- 70 g de farine
- 1 c.c. de levure chimique
- 1/4 de c.c. de sel fin
- 500 g de pommes fondantes et acidulées (boskoop, canada, golden)
- 150 g de sucre
- 2 œufs

1 Préchauffez le four à 180 °C (th. 6). • Faites fondre le beurre dans une petite casserole ou dans un récipient au micro-ondes. • Graissez un moule à gâteau antiadhésif (à fond non amovible) de 20 cm de diamètre avec 1 cuillerée à soupe de beurre fondu à l'aide d'un pinceau à pâtisserie ou d'un peu de papier absorbant.

2 Mélangez la farine, la levure et le sel dans un bol. • Lavez, épluchez et évidez les pommes. • Découpez-les en huit quartiers chacune et disposez-les en cercles dans le fond du moule, en partant de l'extérieur.

3 Dans un saladier, travaillez le sucre et les œufs au fouet pour obtenir un mélange mousseux. • Incorporez le mélange à la farine, toujours en fouettant, puis le beurre fondu, et mélangez bien le tout. • Versez cet appareil sur les pommes et enfournez 40 minutes, jusqu'à ce que le dessus soit brun doré.

4 Laissez reposer 10 minutes sur une grille. • Passez la lame d'un couteau autour du gâteau pour le détacher des parois et démoulez-le en le retournant sur une première assiette. • Si un morceau de pomme est resté collé au fond du moule, décollez-le délicatement et remettez-le à sa place sur le gâteau. • Retournez le gâteau une nouvelle fois sur le plat de service – procédez avec précaution pour ne pas l'écraser entre les deux plats. • Laissez refroidir et servez tiède ou à température ambiante.

Variantes

On peut aussi préparer ce gâteau avec des poires, des coings, des abricots, des nectarines... Pour modifier légèrement la texture et la saveur, n'utilisez que 100 g de beurre et ajoutez 30 g d'amandes en poudre en même temps que la farine.

Gâteau chocolat et courgette	PAGE 212

Pain d'épice PAGE 226

Pain d'épice

“

Il y a une petite boutique perchée au sommet de la Butte-aux-Cailles, à Paris, qui se spécialise dans l'apiculture et les produits de la ruche. Comme mon bureau se trouvait non loin de là, je passais souvent devant, mais la porte semblait toujours fermée. Et puis, un beau jour de septembre, il y avait de la lumière à l'intérieur, et comme je n'étais pas pressée de retourner travailler après ma pause déjeuner, j'ai poussé la porte et je suis entrée. Du sol au plafond, les étagères croulaient sous les pots de miel et un fatras de matériel dont, vous aussi, vous auriez besoin s'il vous prenait le caprice de démarrer votre propre rucher. Et là, sur une table, un énorme morceau de pain d'épice, quelques miettes et un grand couteau.

Jusqu'alors, ma connaissance du pain d'épice se limitait à celui que l'on trouve au supermarché, prétranché et desséché sous son bâillon de cellophane. Celui-ci, à l'évidence, était d'une autre trempe. Le propriétaire du magasin, un monsieur d'un certain âge avec une barbe d'apiculteur, a suivi mon regard et m'a proposé de goûter. Acceptant avec enthousiasme la lichette qu'il me tendait, je l'ai observée, reniflée, croquée, et cette première bouchée de pain d'épice artisanal a été pour moi une révélation. Cette profondeur, ce moelleux ! C'était un pot de miel et toute une étagère à épices immortalisés dans un seul gâteau.

Depuis ce jour-là, je n'ai jamais pu revenir au pain d'épice ordinaire. Mais, à chaque fois que je suis dans le quartier, je repasse à la boutique, et lorsque je voyage, je me fais fort de goûter tous les pains d'épice que je croise en chemin. J'en fais aussi ma propre version, après de nombreux essais pour obtenir le goût et la texture que je cherchais. J'y mets des morceaux d'écorce d'orange ou de gingembre confit, mais sentez-vous libre de les omettre ou de les remplacer par des fruits secs, des noix, des pépites de chocolat…

Le pain d'épice est un bonheur au petit déjeuner, surtout les matins d'hiver où on aimerait mieux rester couché. Certains le tartinent de beurre salé, mais je préfère le faire légèrement griller et l'accompagner d'une poire juteuse. On peut aussi le faire jouer dans la cour des plats salés : en tranches ultra-fines avec du foie gras, dans la farce d'une volaille, ou dans les carbonades flamandes (page 164). Il vaut mieux le préparer un jour à l'avance, pour laisser au miel et aux épices le temps de s'épanouir.

Pain d'épice

Pour 10 personnes

Ingrédients

- 2 c.c. d'huile végétale pour le moule
- 375 ml de lait
- 200 g de miel artisanal (huilez légèrement le récipient dans lequel vous allez mesurer le miel, il ressortira tout seul)
- 100 g de mélasse noire (sirop de canne à sucre brut, en magasin bio ; utilisez la même astuce que pour le miel)
- 120 g de farine blanche
- 120 g de farine complète
- 2 c.c. de levure chimique
- 1 c.c. de bicarbonate de soude
- 1/4 de c.c. de sel fin
- 2 c.c. de mélange quatre-épices (cannelle, clou de girofle, noix de muscade et gingembre)
- 4 c.s. de gingembre confit découpé en tout petits dés ou 4 c.s. d'écorce d'orange confite coupée en tout petits dés, ou un mélange des deux (facultatif)

Temps de repos

12 heures

1 Préchauffez le four à 180 °C (th. 6). • Huilez le fond et les parois d'un moule à cake de 24 cm x 12 cm et chemisez le fond de papier sulfurisé.

2 Mettez le lait, le miel et la mélasse dans une petite casserole et faites chauffer sur feu moyen, sans laisser bouillir, en remuant avec une spatule, jusqu'à dissolution complète. • Laissez refroidir pendant que vous préparez la suite de la recette.

3 Dans un grand récipient, mélangez les farines, la levure, le bicarbonate de soude, le sel et les épices. • Dans un bol, mélangez le gingembre et/ou l'écorce d'orange avec 2 cuillerées à soupe du mélange à la farine et réservez.

4 Formez une fontaine au centre du mélange à la farine. • Versez-y progressivement le mélange au lait et travaillez au fouet, en mouvements circulaires partant du centre, jusqu'à incorporation complète de la farine. • La pâte sera assez liquide. Incorporez le gingembre et/ou l'écorce d'orange confite. • Versez la pâte dans le moule et enfournez 40 à 50 minutes, jusqu'à ce que le pain d'épice soit doré en surface. • La pointe d'un couteau planté au centre doit ressortir sèche.

5 Mettez à refroidir 20 minutes sur une grille. • Passez la lame d'un couteau autour du pain d'épice pour le détacher et démoulez. • Laissez refroidir complètement, enveloppez de papier d'aluminium et laissez reposer à température ambiante jusqu'au lendemain.

Gâteau au yaourt

“

Grand favori de la pâtisserie maison, le gâteau au yaourt est très facile

à faire et encore plus facile à aimer. Moelleux comme un nuage et pas trop sucré, il est tout simplement parfait à n'importe quel moment de la journée – au petit déjeuner, au goûter, après le dîner, vous pouvez me croire : j'ai testé. Les enfants, qui savent apprécier les goûts simples et francs, en sont friands, mais ce qu'ils aiment le plus, c'est qu'ils peuvent le préparer presque entièrement seuls. (Je recommande quand même un minimum de surveillance pour qu'il n'arrive rien de fâcheux ni à votre cuisine, ni à votre progéniture.) C'est d'ailleurs pour beaucoup de petits Français le tout premier gâteau qu'ils apprennent à faire.

J'ai moi-même préparé mon premier gâteau au yaourt en grande section de maternelle, sous la houlette d'une institutrice qui s'appelait Madame Marguerite et que je n'aimais pas tellement malgré son nom ravissant. Ma mère a conservé la recette que j'avais écrite alors, au feutre rouge et en lettres bâton, mais je n'avais pas dû la recopier avec beaucoup d'attention car elle fait appel à une grande quantité d'huile et pas de sucre du tout. Par chance, la grand-mère de Maxence m'a donné sa recette et c'est celle que j'utilise aujourd'hui.

La recette de base du gâteau au yaourt peut faire l'objet d'infinies variations. On peut ajouter à la pâte un jus ou un zeste d'agrume ; on peut lui incorporer des fruits rouges, des pépites de chocolat, des fruits secs ou des noix ; on peut remplacer une partie de la farine par de la poudre d'amandes ou de cacao ; on peut couper le gâteau en deux et le tartiner en son milieu de confiture de framboises, de lemon curd, ou de ganache ; et on peut le revêtir du glaçage et des décorations de son choix. Mais le gâteau au yaourt est celui que Maxence préfère par-dessus tout – vous comprenez d'autant mieux pourquoi je me suis procuré la recette de sa grand-mère – et il est en la matière un ardent défenseur de la maxime « on ne change pas une équipe qui gagne ». J'avoue que j'ai du mal à me soumettre à cet échantillon de sagesse populaire : c'est plus fort que moi, je suis le sélectionneur fou qui permute les joueurs juste avant le match. Et pourtant, à chaque fois que je reviens au gâteau au yaourt originel, je suis forcée de reconnaître que sa délicieuse simplicité vaut bien que je réprime de temps en temps mes ardeurs créatives.

Gâteau au yaourt

Pour 8 à 10 personnes

Ingrédients

- 250 g de yaourt nature, de préférence au lait entier (= deux pots de 125 g chacun)
- 200 g de sucre (= 2 pots de yaourt)
- 2 œufs
- 1 c.c. d'extrait naturel de vanille
- 80 ml d'huile végétale (= 2/3 de pot de yaourt), plus 1 c.c. pour le moule
- 1 c.s. de rhum agricole ambré (facultatif mais recommandé)
- 240 g de farine (= 4 pots de yaourt)
- 1 1/2 c.c. de levure chimique
- 1 c.c. de bicarbonate de soude
- 1 bonne pincée de sel fin

1 Préchauffez le four à 180 °C (th. 6). • Huilez les parois d'un moule à gâteau de 25 cm de diamètre (classique ou à fond amovible) et chemisez le fond de papier sulfurisé si vous utilisez un moule classique.

2 Dans un grand récipient, battez le yaourt et le sucre. • Incorporez les œufs un par un, en battant bien entre chaque addition. • Ajoutez la vanille, l'huile et le rhum, et battez à nouveau.

3 Dans un autre récipient, tamisez la farine, la levure, le bicarbonate de soude et le sel. • Versez le mélange à la farine dans la préparation au yaourt, et mélangez sans excès.

4 Versez la pâte dans le moule huilé et chemisé et enfournez 35 à 40 minutes, jusqu'à ce que le dessus soit bien doré. • La pointe d'un couteau planté au centre doit ressortir sèche. • Mettez à refroidir 10 minutes sur une grille. • Passez la lame d'un couteau autour du gâteau pour le détacher des parois. • Dans le cas d'un moule à gâteau à fond amovible, enlevez le cercle. • Sinon, démoulez le gâteau sur une assiette et retournez-le une nouvelle fois sur un plat de service.

5 On peut déguster le gâteau au yaourt à sa sortie du four, juste tiédi, ou bien à température ambiante. Il se conserve quelques jours sur le buffet de la cuisine, emballé dans du papier d'aluminium : les saveurs continuent de se développer et le dessus devient soyeux et fondant. Si vous voulez le servir pour le dessert, je recommande de l'accompagner du coulis de framboise (page 253).

Tartes

Pâte sablée

“

J’ai de nombreuses raisons d’éprouver de la reconnaissance pour ma mère : qu’elle m’ait donné la vie figure assez haut sur la liste, mais sa recette de pâte à tarte suit de très près.

C’est une recette qui fait tout bonnement l’impasse sur les étapes délicates habituelles – se battre pour étaler la pâte en un cercle approximatif que l’on tente de transférer dans le moule sans qu’il n’adhère au plan de travail ni ne tombe en lambeaux. Dans la méthode de ma mère, on se contente de mélanger tous les ingrédients pour obtenir un sable légèrement humide que l’on répartit dans le moule et que l’on tasse avec les doigts.

Comme la manœuvre se fait entièrement à la main, le résultat n’est pas aussi irréprochable que ce qu’on attendrait d’un professionnel : le fond est peut-être un peu inégal et le pourtour un peu accidenté, mais c’est précisément cette imperfection qui rend les tartes maison si expressives, et si appétissantes.

Mais surtout, ce qui compte, c’est que cette pâte donne à la cuisson une croûte si blonde et si croustillante que vous pourriez bien être tenté de la dévorer sans l’alibi d’une quelconque garniture.

Pâte sablée

Pour une tarte
de 25 cm de diamètre
ou 6 tartelettes
de 10 cm de diamètre

Ingrédients

- 75 g de beurre doux bien froid, coupé en dés, plus une noix de beurre pour le moule
- 75 g de sucre
- 150 g de farine
- 1/4 de c.c. de sel fin
- 1 à 2 c.s. de lait froid

Temps de repos

30 minutes

1 Si vous travaillez au robot, mélangez le sucre, la farine et le sel dans le bol du robot. • Ajoutez le beurre et mixez à petite vitesse jusqu'à ce que le mélange prenne une consistance de chapelure. • Ajoutez 1 cuillerée à soupe de lait et mixez à nouveau par impulsions, jusqu'à absorption du lait. • La pâte doit être encore friable mais elle doit s'amalgamer lorsque vous en pressez une petite quantité dans votre main. • Si ce n'est pas le cas, ajoutez un peu plus de lait, une cuillerée à café à la fois, en donnant quelques impulsions supplémentaires, jusqu'à obtenir la consistance souhaitée. • Passez à l'étape numéro 3.

2 Si vous travaillez à la main, mélangez le sucre, la farine et le sel dans un récipient de taille moyenne. • Ajoutez le beurre et travaillez-le avec les ingrédients secs du bout des doigts ou avec un coupe-pâte jusqu'à ce que le mélange prenne une consistance de chapelure. • Ajoutez 1 cuillerée à soupe de lait et incorporez-le en manipulant la pâte aussi légèrement que possible. • La pâte doit être encore friable mais elle doit s'amalgamer lorsque vous en pressez une petite quantité dans votre main. • Si ce n'est pas le cas, ajoutez un peu plus de lait, une cuillerée à café à la fois, et mélangez à nouveau, toujours en pétrissant légèrement, jusqu'à obtenir la consistance souhaitée. • Passez à l'étape numéro 3.

3 Versez la pâte dans le moule à tarte préalablement beurré et étalez-la uniformément dans le fond en vous aidant du dos d'une cuillère. • En travaillant avec la paume de la main et les doigts, tassez la pâte en une fine couche de façon à recouvrir le fond et les bords du moule. • Ne vous inquiétez pas si la pâte vous paraît un peu sèche, c'est normal. • Couvrez de film alimentaire et mettez au frais 30 minutes, ou jusqu'à une journée.

Variantes

Vous pouvez parfumer la pâte de 1 cuillérée d'extrait de vanille ou de zeste d'agrume finement râpé, de 1/2 cuillerée à café d'épices (noix de muscade, cannelle, gingembre), ou encore de 1 cuillerée à café de liqueur (Grand Marnier, Cointreau, rhum agricole ambré). Incorporez ces ingrédients en même temps que le beurre.

Tarte nectarine et pêche au gingembre

“

Peau douce, chair de soleil et tiédeur sucrée : aussi loin que je me souvienne, les nectarines jaunes ont toujours été mes fruits d’été préférés. Je pourrais me contenter de les croquer comme ça, au-dessus de l’évier, en rattrapant d’un coup de langue le jus qui me dégouline le long du poignet, mais elles se prêtent tellement bien à la cuisson qu’il serait dommage de s’en priver : un petit séjour au four métamorphose leur chair en velours, et donne à leur saveur une aura caramélisée.

Dans la tarte qui suit, la nectarine jaune est accompagnée de pêche blanche et de gingembre, un trio de choc qui ménage habilement l’équilibre entre le sucré, l’acidulé et l’embrasé.

Tarte nectarine et pêche au gingembre

Pour 10 personnes

Ingrédients

Pour la pâte sablée
- 1 morceau de gingembre frais, environ 2,5 cm de longueur
- 75 g de beurre doux bien froid, coupé en dés, plus une noix de beurre pour le moule
- 75 g de sucre
- 150 g de farine
- 1/4 de c.c. de sel fin
- 1 à 2 c.s. de lait froid

Pour la garniture
- 2 pêches blanches mûres, environ 400 g
- 3 nectarines jaunes mûres, environ 600 g
- 2 c.s. de gingembre confit
- 1 c.s. bombée de crème fraîche
- 1 œuf
- 1 à 3 c.s. de cassonade

Temps de repos

30 minutes pour la pâte

Accord vin

Marco Negri 2004 Moscato d'Asti (Italie, Piémont, blanc pétillant). Faible en alcool et léger en bulles, ce vin exprime des arômes de pêche et d'agrumes, des notes florales parfumées et une acidité fraîche. Il est doux et crémeux en bouche.

1 Épluchez le gingembre frais et râpez-le finement. • Jetez les fibres et récupérez la pulpe et le jus. • Préparez la pâte sablée selon les instructions de la page 232, en ajoutant la pulpe et le jus du gingembre en même temps que le beurre. • Étalez-la dans un moule à tarte de 25 cm de diamètre comme indiqué, couvrez de film alimentaire et réservez 30 minutes au réfrigérateur, ou jusqu'à une journée.

2 Préchauffez le four à 180 °C (th. 6). • Faites cuire le fond de tarte 15 minutes en surveillant bien, jusqu'à ce que la pâte soit dorée.

3 Pendant la cuisson de la pâte, pelez les pêches (ce sera plus facile si vous les faites blanchir d'abord en les plongeant 1 minute dans une casserole d'eau frémissante). Inutile de peler les nectarines. • Retirez le noyau des fruits et découpez-les en douze tranches chaque. • Si les fruits sont très juteux, égouttez les tranches 15 minutes dans une passoire. (Récupérez le jus pour le boire.)

4 Détaillez le gingembre confit en tout petits dés et réservez. • Dans un bol, travaillez la crème et l'œuf à la fourchette.

5 Quand le fond de tarte est doré, sortez-le du four (laissez le four allumé) et mettez à refroidir 5 minutes. • Disposez les fruits en cercles sur la pâte, en partant de l'extérieur. • Répartissez dessus l'appareil à l'œuf ; celui-ci formera une couche très fine. • Saupoudrez de cassonade (1 cuillerée à soupe si les fruits sont bien sucrés, 2 à 3 cuillerées à soupe sinon) et de gingembre confit.

6 Enfournez 25 minutes, jusqu'à ce que les fruits soient tendres. • Éteignez le four et laissez reposer la tarte 10 minutes dans le four fermé. • Laissez refroidir complètement sur une grille avant de servir. (Vous pouvez préparer cette tarte 8 heures à l'avance. Couvrez-la de papier d'aluminium et conservez-la à température ambiante.)

Tartelettes aux fraises

“

Dans la mesure où ma mère détient le secret de la meilleure pâte à tarte du monde (partiale, moi ?), il n’est guère surprenant que ses tartes aux fruits soient aussi extraordinaires. Elle les garnit de myrtilles ou d’abricots en été, de mûres ou de prunes en automne, de poires ou d’oranges en hiver, et quoi qu’en dise le calendrier, le printemps n’est pas encore officiellement arrivé tant qu’elle ne nous a pas gratifiés de sa tarte aux fraises légendaire.

Lorsque les premières fraises apparaissent sur les étals du marché et qu’il me prend l’envie de l’imiter, j’en fais généralement des tartelettes (aussi réjouissantes à assembler qu’à regarder) mais le résultat procure exactement le même bonheur : un fond de tarte croustillant et une crème pâtissière aérienne forment le lit douillet sur lequel coucher le rubis éclatant des fraises nues.

Tartelettes aux fraises

Pour 6 personnes

Ingrédients

- Pâte sablée (page 232)
- 500 g de fraises fraîches
- 1 œuf
- 1 c.c. d'extrait naturel de vanille
- 2 c.s. de sucre
- 2 c.s. de fécule de maïs (type Maïzena)
- 120 ml de lait

Temps de repos

30 minutes pour la pâte,
1 heure pour la crème pâtissière

Variantes

Vous pouvez préparer ces tartelettes avec d'autres fruits frais : des framboises en été, des figues en automne, des kiwis ou de l'ananas en hiver. Si vous n'avez pas de moules à tartelettes, vous pouvez utiliser la même recette pour un moule à tarte de 25 cm.

1 Préparez la pâte sablée et étalez-la dans six moules à tartelette de 10 cm de diamètre comme indiqué page 232. • Veillez à ce que l'abaisse soit bien fine ; selon la forme et la profondeur des moules, vous n'aurez peut-être pas besoin de toute la pâte. • Couvrez de film alimentaire et réservez 30 minutes au réfrigérateur, ou jusqu'à une journée. • (S'il vous reste de la pâte, saupoudrez-la sur des morceaux de fruits dans un ramequin que vous passerez au four comme pour un crumble.)

2 Préchauffez le four à 180 °C (th. 6). • Faites cuire les fonds de tartelette 12 à 14 minutes en surveillant bien, jusqu'à ce que la pâte soit dorée. • Sortez les moules du four et laissez refroidir.

3 Préparez la crème pâtissière : dans un saladier, battez l'œuf avec la vanille et le sucre. Incorporez la fécule de maïs et réservez. • Dans une casserole, faites chauffer le lait sur feu moyen. • Dès qu'il frémit, versez-le dans la préparation à l'œuf en fouettant vigoureusement pour bien mélanger. • Remettez cet appareil dans la casserole et faites chauffer à feu doux 30 secondes, en mélangeant au fouet sans discontinuer tandis que la crème pâtissière épaissit. • Répartissez la crème sur les fonds de tartelettes, lissez la surface avec le dos d'une cuillère et laissez refroidir complètement à température ambiante, environ 1 heure.

4 Rincez les fraises, essuyez-les et équeutez-les. • Coupez-les en deux ou en quatre selon leur taille, et disposez-les en cercles sur la crème pâtissière, en partant du centre. • Servez immédiatement, ou couvrez de film alimentaire et réservez au frais, au maximum 8 heures. • Portez à température ambiante avant de servir.

Accord vin

Codorniu Pinot noir rosé NV (Espagne, Catalogne, rosé pétillant).
Ce vin sec et pétillant est à la fois vif, rafraîchissant et riche en arômes. D'une jolie couleur rose, il déploie des parfums de fraise soutenus par des notes de framboise se développant sur une agréable finale d'agrumes.

Tarte amandine à la myrtille

“

Quand j’étais petite, ma famille passait trois semaines à la montagne

chaque été. À l’époque, j’aurais préféré aller à la plage comme tout le monde, mais mes parents préféraient le calme des sommets à la foule moite des stations balnéaires ; je comprends mieux leur point de vue aujourd’hui.

Un certain nombre de rituels entouraient ces séjours : l’achat de nouvelles chaussures de marche quand nous avions trop grandi pour porter les anciennes, les parties de huit américain pour passer le temps pendant les orages, et les pâtisseries que nous achetions au village en fin d’après-midi.

Mes goûts étaient alors hautement prévisibles et jour après jour, sans faillir, je jetais mon dévolu sur l’amandine, cette petite tarte garnie de crème d’amande et d’amandes effilées, ornée d’une moitié de cerise confite. La cerise confite ne m’intéressait pas du tout et j’en faisais généreusement don à ma mère, mais, affamée par la journée de randonnée, je dévorais la tartelette en quelques bouchées, en prenant tout de même le temps, au passage, d’admirer dans la crème d’amande l’empreinte inverse de mes dents.

La tarte qui suit est une variation sur le thème de l’amandine de mon enfance, dans laquelle une couche de myrtilles se tapit sous la crème d’amande. C’est le genre de dessert qui peut donner à penser qu’il vient tout droit de chez le pâtissier, donc trouvez un moyen discret de glisser dans la conversation que si, si, c’est vous qui l’avez fait.

Tarte amandine à la myrtille

Pour 8 à 10 personnes

Ingrédients

- Pâte sablée (page 232)
- 100 g de sucre
- 100 g de poudre d'amandes
- 1/4 de c.c. de sel fin
- 100 g de beurre doux à température ambiante
- 2 œufs
- 400 g de myrtilles, fraîches ou surgelées (inutile de les décongeler)
- 25 g d'amandes effilées

Temps de repos

30 minutes pour la pâte

Variantes

Remplacez les myrtilles par de fines tranches de poires pochées ou par des framboises écrasées. Pour la tarte amandine classique, omettez les fruits.

1 Préparez la pâte sablée et étalez-la dans un moule à tarte de 25 cm de diamètre comme indiqué page 232. • Couvrez de film alimentaire et mettez au frais au moins 30 minutes, ou jusqu'à une journée.

2 Préchauffez le four à 180 °C (th. 6). • Faites cuire le fond de tarte 10 à 12 minutes en surveillant bien, jusqu'à ce qu'il soit légèrement doré. • Sortez le moule du four (laissez le four allumé) et mettez à refroidir 10 minutes sur une grille.

3 Préparez la crème d'amande : mettez le sucre, la poudre d'amandes et le sel dans le bol du robot et mélangez quelques secondes. • Ajoutez le beurre et mixez à nouveau. • Incorporez les œufs, un par un, et continuez de mixer jusqu'à l'obtention d'une texture onctueuse. • Vous pouvez préparer cette crème la veille et la conserver au réfrigérateur dans un récipient hermétique. • Dans ce cas, portez-la à température ambiante avant emploi.

4 Versez les myrtilles dans le fond de tarte, répartissez dessus la crème d'amande et lissez la surface à la spatule, en travaillant délicatement pour ne pas faire éclater les fruits.

5 Enfournez 25 minutes. • Sortez le moule, saupoudrez d'amandes effilées, et laissez cuire à nouveau 15 minutes, jusqu'à ce que la crème d'amande soit prise et les amandes dorées. • Laissez refroidir complètement avant de servir. (Vous pouvez préparer cette tarte 8 heures à l'avance et la conserver au frais, couverte de papier d'aluminium. Portez à température ambiante avant de servir.)

Accord vin

Graham Six Grapes Port (Portugal, Porto, rouge muté).

Un porto au bon rapport qualité-prix et qui présente un excellent équilibre : doux et assez fruité, il offre des arômes de fruits rouges accompagnés de parfums de noisette grillée. Un porto millésimé sera plus cher mais plus soyeux.

Tarte Tatin

“

Monument de la pâtisserie s’il en est, la tarte Tatin apparaît sou-

à la carte des restaurants. Et je n’ai rien contre une bonne tarte aux pommes renversée, bien au contraire, pourtant je n’en commande que très rarement. « Pourquoi cela ? » me demande-t-on du fond de la salle. Eh bien, parce que la plupart des chefs s’entêtent à l’habiller de pâte feuilletée plutôt que d’une honnête pâte brisée.

Entendons-nous bien : la pâte feuilletée est un must dans certaines préparations – que seraient sans elle le millefeuille et la galette des rois ? – mais parmi mes croyances fondamentales en matière de pâtisserie figure celle-ci : la tarte Tatin a besoin d’une croûte aux épaules suffisamment solides pour résister à la charge des quartiers de pomme, pas d’une pâte molle et inconsistante qui va finir humiliée et trempée de la tête aux pieds. Aussi, avant de passer commande, je demande toujours de quelle pâte se chauffe la tarte Tatin ; cela irrite invariablement le serveur, qui doit aller s’en enquérir en cuisine. Neuf fois sur dix, il revient me dire qu’il s’agit de pâte feuilletée, ce qui me conduit à choisir autre chose (agacement palpable du serveur) en me gardant pour cette version maison : des quartiers de pomme fondants, un halo de caramel au beurre salé, et une pâte généreuse qui se laisse lentement embuer – mais pas marcher sur les pieds – par les sucs que libèrent les fruits.

On sert parfois la tarte Tatin avec de la crème fraîche ou de la glace à la vanille, mais je fais partie de ceux qui pensent – autre croyance fondamentale – qu’une bonne tatin n’a pas besoin de fioritures, et je la préfère seule. On ne peut pas utiliser ici la pâte sablée facile de ma mère puisqu’il faut étaler cette pâte pour la déposer sur les pommes, mais que cela ne vous intimide pas : gardez la tête froide et un plan de travail bien fariné, tout se passera bien.

Tarte Tatin

Pour 8 à 10 personnes

Ingrédients

Pour la pâte
- 85 g de sucre
- 170 g de farine
- 1/4 de c.c. de sel fin
- 85 g de beurre doux bien froid, coupé en dés, plus une noix de beurre pour le moule
- 1 à 2 c.s. de lait froid

Pour la garniture
- 70 g de sucre
- 1/4 de c.c. de sel fin
- 35 g de beurre doux ramolli
- 1 kg de pommes fondantes et acidulées (boskoop, canada, golden).

Temps de repos

30 minutes pour la pâte

Accord vin

Sauternes Petit-Védrines 2002 (France, Bordeaux, blanc muté).
Ce sauternes est riche en arômes de miel, de sucre cuit et de caramel. Sucré mais sans excès, il est rond en bouche avec une belle acidité. On pourra aussi s'offrir une bouteille de cidre de glace du Québec (« Neige » 2003, par la Face cachée de la pomme) : ample et soyeux en bouche, il offre des arômes nets de pomme fraîche, de miel et de fruits confits.

1 Préparez la pâte : dans un saladier, mélangez le sucre, la farine et le sel. • Ajoutez le beurre froid et travaillez-le avec les ingrédients secs du bout des doigts ou avec un coupe-pâte jusqu'à ce que le mélange prenne une consistance de chapelure. • Ajoutez 1 cuillerée à soupe de lait et pétrissez la pâte délicatement jusqu'à ce qu'elle se mette en boule. • Aplatissez légèrement la boule ainsi formée, enveloppez-la de film alimentaire et mettez au frais 30 minutes.

2 Beurrez les parois d'un moule à manqué (à fond non amovible) ou d'un moule à quiche de 22 ou 25 cm de diamètre.

3 Mélangez les 70 g de sucre avec 1 cuillerée à soupe d'eau dans une petite casserole à fond épais et laissez caraméliser lentement à feu doux. Remuez la casserole de temps en temps pour que la cuisson soit uniforme, mais ne mélangez pas. • Dès que le mélange prend une couleur ambrée, retirez la casserole du feu. • Ajoutez le sel et le beurre et remuez avec une cuillère en bois jusqu'à ce que le beurre forme une pâte avec le caramel. • Versez immédiatement cet appareil dans le moule et étalez-le dans le fond à l'aide de la cuillère en bois de façon aussi uniforme que possible. • Réservez.

4 Préchauffez le four à 180 °C (th. 6) et sortez la pâte du réfrigérateur. • Rincez, évidez et pelez les pommes. • Découpez-les en huit quartiers et disposez-les en cercles sur le caramel, en partant de l'extérieur.

5 Étalez la pâte en une abaisse un peu plus grande que le diamètre de votre moule. • Piquez la pâte à la fourchette. • Enroulez-la légèrement sur le rouleau à pâtisserie pour la soulever, étalez-la sur les pommes et bordez-la tout autour du moule.

6 Enfournez 45 minutes à 1 heure, jusqu'à ce que la croûte soit bien dorée et qu'une bonne odeur de pomme d'amour envahisse la maison.

7 Sortez le moule du four, passez la lame d'un couteau sur les bords pour décoller la croûte et retournez sur un plat de service. Si des morceaux de pomme restent collés dans le fond, décollez-les délicatement et replacez-le. Servez chaud, mais pas brûlant.

Tarte chocolat caramel

“

Quiconque veut étudier avec sérieux le travail des pâtissiers a besoin d'une pâtisserie de référence permettant de les évaluer, de les comparer, et de les classifier. Certains peut-être choisiront l'éclair au café : la pâte à choux doit être ferme mais souple, la crème pâtissière doit être légère en bouche avec un goût de café bien torréfié, et le ruban de fondant doit être sucré et épais, sans écœurer ni coller au palais. Ou alors le millefeuille : la pâte feuilletée doit s'affaisser en flocons légers sans être ni sèche ni cassante, la crème à la vanille doit présenter le parfum caractéristique des vraies gousses, et le ratio crème pâtissière sur pâte feuilletée doit être d'approximativement deux tiers, de telle sorte que ce soit un chantier à manger – c'est tout l'intérêt – mais que toute la crème ne vous tombe pas sur les pieds.

J'ai personnellement choisi comme critère d'évaluation la tarte au chocolat. Que ce soit une tartelette individuelle ou une part taillée dans une grande tarte, je suis attentive à la qualité de la ganache, qui doit être veloutée et intensément parfumée, sans être ni trop dense, ni trop molle, ni trop prise, et à la grâce de la pâte, qui doit être délicatement friable et juste assez sucrée pour piquer l'amertume de la ganache.

En dépit de toutes les tartes au chocolat que je goûte ici et là, je ne m'en lasse pas, et cet élégant dessert est l'un de ceux que j'ai le plus de plaisir à réaliser. J'ai testé nombre de variations au fil du temps, et la suivante, qui cache sous son manteau de chocolat une doublure de caramel au beurre salé, est celle qui semble rencontrer le plus de succès. Comme vous l'imaginerez sans peine, c'est une tarte d'une richesse insolente, et une lichette suffit à vous envahir d'un sentiment de plénitude exquis.

Gourmandise

Tarte chocolat caramel

Pour 12 à 16 personnes

Ingrédients

- Pâte sablée (page 232)

Pour la couche de caramel
- 90 g de sucre
- 1 c.s. de miel
- 1/2 c.c. de fleur de sel
- 80 g de crème fraîche
- 30 g de beurre doux ramolli + 1 noix pour le moule

Pour la ganache
- 280 g de chocolat noir, haché très finement
- 240 g de crème fraîche

Temps de repos

30 minutes pour la pâte,
40 minutes pour le caramel,
1 heure pour la tarte

Variantes

- Pour la tarte au chocolat classique, omettez la couche de caramel. Ou couvrez le fond de tarte avec des fruits ou de la confiture, plutôt que du caramel. Vous pouvez aussi saupoudrer la pâte d'éclats de fève de cacao, de fruits à coque grillés ou de pralines concassées.
- Autres possibilités : ajouter de la liqueur, du café ou des épices dans la ganache, ou y faire infuser du thé, des zestes d'agrumes ou des herbes aromatiques dans la crème avant de l'utiliser pour la ganache.

Accord vin

Broadbent NV Rainwater Madeira (Portugal, Madère, blanc muté).
- Ce vin de dessert présente une légère acidité d'agrume et un nez riche en arômes (figue, écorce d'orange confite, sucre cuit et caramel beurré) qui évoluent sur une finale au délicieux goût de noisette.

1 Préparez la pâte sablée (recette page 232). • Couvrez de film alimentaire et mettez au frais au moins 30 minutes, ou jusqu'à une journée.

2 Préchauffez le four à 180 °C (th. 6). • Faites cuire le fond de tarte 20 à 25 minutes jusqu'à ce qu'il soit doré, en gardant un œil dessus. • Mettez à refroidir sur une grille.

3 Préparez la couche de caramel ; mesurez bien tous les ingrédients avant de commencer. • Mélangez le sucre avec 1 cuillerée à soupe d'eau dans une petite casserole à fond épais et laissez caraméliser lentement à feu doux. • Remuez la casserole de temps en temps pour que la cuisson soit uniforme, mais ne mélangez pas. • Dès que le mélange prend une couleur ambrée (ne laissez pas le caramel trop cuire sinon il sera amer), ajoutez le miel et mélangez à la cuillère en bois. • Ajoutez le sel et la crème et mélangez de nouveau. • Retirez la casserole du feu, ajoutez le beurre et mélangez à nouveau. • Versez dans le moule et inclinez-le en un geste circulaire pour couvrir le fond de tarte uniformément. • Laissez prendre 40 minutes au réfrigérateur.

4 Préparez la ganache. ; mettez le chocolat dans un récipient de taille moyenne, de préférence en acier inoxydable. • Faites chauffer la crème à feu moyen dans une casserole à fond épais. • Quand elle frémit, versez la moitié de la crème sur le chocolat (couvrez la casserole et tenez le reste de crème au chaud). • Laissez reposer 20 secondes et mélangez délicatement au centre avec un fouet, en incorporant la crème dans le chocolat petit à petit pour obtenir une texture onctueuse. • Ajoutez la moitié de la crème restante, mélangez, et recommencez avec le reste de crème. Versez la ganache par-dessus la couche de caramel et lissez à la spatule. • Remettez 1 heure au réfrigérateur, le temps que la ganache prenne.

5 Sortez la tarte du réfrigérateur 15 minutes avant de servir. Découpez-la en fines parts et servez-les seules, ou accompagnées d'une petite salade de fruits rouges. Les restes se conservent jusqu'à 2 jours au frais, soigneusement enveloppés de film alimentaire.

Tarte nectarine et pêche au gingembre PAGE 234

Tarte chocolat caramel PAGE 242

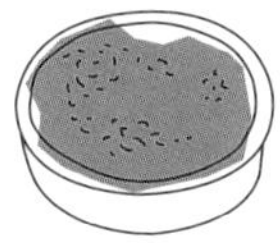

Desserts

Crème brûlée chocolat-hibiscus

"

Il y a peu de projets qui soient aussi gratifiants que de fabriquer de

ses propres mains un grand classique de pâtissier, et la crème brûlée – cœur soyeux et fine plaque de caramel que le dos de la cuillère vient briser d'un choc léger – appartient sans conteste à cette catégorie.

C'est une excellente nouvelle pour les amateurs de gadgets, qui ont maintenant une excuse toute trouvée pour ajouter à leur collection un chalumeau de cuisine. Nul besoin d'ailleurs d'aller dans un magasin spécialisé : un petit chalumeau ordinaire déniché dans une droguerie fera aussi bien l'affaire. Et dès que vous dégainerez votre lance-flamme pour caraméliser vos crèmes avec brio, je peux vous assurer que vos amis vous témoigneront enfin le respect qui vous est dû.

La crème brûlée traditionnelle est simplement parfumée à la vanille et elle est délicieuse ainsi, mais je la trouve encore plus ravissante lorsqu'elle enfile une robe de chocolat. Dans la recette suivante, on fait infuser dans la crème des fleurs d'hibiscus séchées : leur saveur de baie acidulée entraîne le chocolat dans une conversation pleine d'esprit qui fait briller ses notes fruitées.

Crème brûlée chocolat-hibiscus

Pour 4 personnes

Ingrédients

- 375 g de crème fleurette
- 120 ml de lait
- 5 c.s. de fleurs d'hibiscus séchées en vrac ou 6 sachets (voir ci-dessous)
- 85 g de chocolat noir
- 70 g de sucre
- 3 jaunes d'œufs
- 2 c.s. de cassonade

Temps de repos

2 heures

Hibiscus

En réalité, les fleurs d'hibiscus séchées ne sont pas des fleurs, mais les calices d'une plante de la famille de l'hibiscus que l'on appelle « roselle », « oseille rouge » ou « oseille de Guinée ». On peut les faire infuser comme des feuilles de thé : cela donne une boisson d'une belle couleur fuchsia qui a toujours du succès quand je la sers en tisane après le dîner, et qui est merveilleusement rafraîchissante en thé glacé pendant les vagues de chaleur. Les fleurs d'hibiscus séchées sont vendues en vrac ou en sachets dans les épiceries fines ou exotiques et en magasin bio. Si vous n'en trouvez pas, remplacez-les par un bon thé noir parfumé aux fruits rouges ou aux fleurs.

Accord vin

Les clos de Paulilles Banyuls Rimage 2003 (France, Languedoc-Roussillon, rouge muté).

Sous sa robe d'un rubis intense, ce vin charnu présente un nez dominant de fruits rouges qui fait ressortir le parfum d'hibiscus de la crème. Il se développe en bouche sur des saveurs similaires, avec des notes d'épices douces et une finale chocolatée.

1 Préchauffez le four à 160 °C (th. 5-6). • Faites chauffer la crème et le lait à feu doux dans une petite casserole. • Aux premiers frémissements, retirez la casserole du feu. • Ajoutez les fleurs d'hibiscus et mélangez. • Couvrez et laissez reposer 10 minutes.

2 Faites fondre le chocolat au bain-marie (ou dans un bol résistant à la chaleur placé au-dessus d'une casserole d'eau frémissante), en remuant de temps en temps. • Laissez refroidir légèrement.

3 Dans un saladier, travaillez le sucre et les jaunes d'œufs au fouet. • Incorporez le chocolat et mélangez bien le tout. • Posez une passoire fine sur le saladier et versez-y la crème à l'hibiscus (jetez les fleurs d'hibiscus ainsi filtrées). • Mélangez bien.

4 Répartissez cet appareil dans quatre ramequins et placez-les dans un plat à gratin assez grand pour les contenir tous. • Remplissez le plat d'eau chaude à mi-hauteur des ramequins (ceci empêche la crème de bouillir).

5 Enfournez 45 minutes : la crème doit être tout juste prise et encore un peu tremblotante au centre. • Laissez reposer dans le plat à gratin 15 minutes à température ambiante avant de sortir les ramequins (attention : ils seront encore très chauds). • Laissez refroidir à température ambiante, couvrez de film alimentaire, et mettez au frais 2 heures, ou jusqu'à une journée. • Sortez les ramequins du réfrigérateur 30 minutes avant de servir.

6 Juste avant de servir, saupoudrez la cassonade sur les crèmes. • Posez les ramequins sur une surface non inflammable (sur la gazinière, par exemple) et à distance de tout objet inflammable. • Faites caraméliser le sucre à l'aide d'un chalumeau en faisant preuve d'une extrême prudence. Passez le chalumeau lentement à une hauteur de 8 cm environ au-dessus du sucre, en le gardant constamment en mouvement pour une caramélisation uniforme. • Autre solution : vous pouvez passer les ramequins 2 minutes sous le gril du four à température maximum. Le sucre ne fondra pas aussi bien, mais formera néanmoins une fine croûte. • Laissez refroidir 1 minute et servez.

Blanc-manger au coulis de basilic ou de framboises

“

J'ai une véritable fascination pour les vieux livres de cuisine. On a tendance à considérer le format actuel comme une évidence, avec ses mesures précises et ses instructions qui vous prennent par la main, mais les premiers traités d'art culinaire se contentaient de décrire les recettes dans les grandes lignes, en partant du principe que le lecteur possédait déjà un bon bagage en la matière.

Ces ouvrages sont à la fois réjouissants et déroutants, en raison notamment des évolutions de la langue, et ils vous transportent directement dans une image d'Épinal de cuisine d'antan : des dalles de pierre lissées par les années, une marmite en étain blottie au coin de l'âtre et une pièce de gibier qu'on a mise à faisander, pendue à un crochet. J'aime aussi découvrir les plats décrits dans ces livres, comment on les préparait, comment on les servait, et comment certains ont traversé les siècles pour refaire surface dans nos cuisines d'aujourd'hui.

Le blanc-manger est de ceux-là : son origine remonte au XVIe siècle, et son nom signifie simplement « aliment blanc » (« mangier » voulait dire aliment ou nourriture en vieux français). La recette a évolué au fil du temps, passant du salé au sucré pour finalement atteindre sa forme actuelle : un entremets lisse et blanc moulé dans un ramequin. Le blanc-manger ressemble à la panna cotta de nos voisins transalpins, à mi-chemin entre la crème et la gelée, mais sa saveur caractéristique vient du lait d'amande, c'est-à-dire du lait dans lequel on a fait infuser des amandes hachées.

Je prépare généralement mes blancs-mangers avec un mélange d'amandes et de noisettes – leur parfum a ainsi plus de tempérament – et je les sers avec un coulis de basilic. En plus du contraste de couleurs, ce nappage procure une expérience gustative surprenante : le basilic est rarement invité dans les desserts, mais sa saveur d'herbe fauchée s'associe admirablement à celle, finement grillée, du blanc-manger. Comme le coulis de basilic est à réserver aux palais les plus aventureux, j'ai aussi inclus la recette de son homologue à la framboise, dont on peut user avec plus de largesse. Et si on veut faire encore plus simple, une poignée de fruits rouges suffira.

Blanc-manger au coulis de basilic ou de framboises

Pour 4 personnes (ces proportions conviennent aussi pour 6 petites parts)

Ingrédients

- 125 g d'amandes entières mondées
- 125 g de noisettes entières, avec ou sans peau
- 375 ml de lait
- 250 ml de crème fleurette
- 70 g de sucre
- 1 c.c. d'agar-agar en poudre (un agent gélifiant à base d'algues en vente dans les magasins bio ; à défaut, utilisez 1,5 feuille de gélatine, trempée dans un bol d'eau froide pendant 10 minutes et essorée).

Temps de repos

1 heure

Note

- Vous pouvez faire des biscuits avec les noisettes et les amandes qui ont servi à parfumer le lait : mélangez-les avec 1 œuf, 50 g de sucre, 2 cuillerées à soupe de miel, 30 g de farine et 1 cuillerée à café de zeste de citron. Laissez refroidir 1 heure.
- Déposez des petits tas de pâte sur une plaque à pâtisserie graissée et enfournez 10 minutes dans un four préchauffé à 200 °C (th. 6-7), jusqu'à ce qu'ils soient dorés mais encore un peu mous. Laissez refroidir et dégustez le jour même ou le lendemain.

1 Concassez grossièrement les amandes et les noisettes dans le bol du robot, sans les réduire complètement en poudre. • Réservez-en 2 cuillerées à soupe rases et mettez le reste dans une casserole avec le lait. • Faites chauffer sur feu moyen. Aux premiers frémissements, retirez la casserole du feu, couvrez et laissez reposer 10 minutes.

2 Pendant ce temps, travaillez la crème, le sucre et l'agar-agar au fouet dans un saladier. (Si vous utilisez de la gélatine en feuille, ne l'ajoutez pas encore.)

3 Placez une passoire fine au-dessus du saladier et versez-y le lait infusé. • Pressez les noisettes et les amandes concassées avec une cuillère en bois pour en extraire le plus de liquide possible et gardez ce qui reste pour un autre usage (voir note). • Battez le contenu du saladier pour bien mélanger.

4 Rincez la casserole, essuyez-la et versez-y la préparation au lait. (Si vous utilisez de la gélatine en feuilles, c'est le moment de les ajouter dans la casserole.) • Faites chauffer à feu doux en remuant régulièrement à la cuillère en bois. • Aux premiers frémissements, retirez du feu ; si vous utilisez de la gélatine en feuille, vérifiez qu'elle est parfaitement dissoute et laissez refroidir quelques instants. • Remuez et versez dans des ramequins ou des verres. • Mettez au frais et laissez prendre 1 à 2 heures. • Vous pouvez préparer les blancs-mangers la veille.

5 Sortez les ramequins du réfrigérateur 5 minutes avant de servir. • Garnissez chaque blanc-manger d'une cuillerée de coulis (page 253), saupoudrez des noisettes et amandes réservées et servez.

Accord vin

Vouvray Rémy Pannier 2004 (France, Loire, blanc).

Sucré juste ce qu'il faut, ce vouvray demi-sec présente une belle acidité. Il offre un nez délicat de poire, avec des saveurs de miel et de citron vert, accompagnées d'une note herbacée de lavande.

Basilic
4€
Oseille
3€
Coriandre
2,50€
Thym
4€
Estragon
3€
Persil frisé
3€

Coulis de basilic

Pour 60 ml environ
(suffisamment pour napper
4 à 6 blancs-mangers)

Ingrédients

- les feuilles d'un gros bouquet de basilic frais, environ 20 g
- 2 c.s. de sucre glace
- 2 c.s. d'huile d'olive

1 Mélangez tous les ingrédients dans le bol du robot et mixez par impulsions pour obtenir une texture onctueuse. • Goûtez et ajoutez un peu plus de sucre si vous le souhaitez mais le coulis ne doit pas être trop sucré. • Transférez-le dans un récipient hermétique et conservez-le au frais jusqu'à 24 heures, ou congelez-le.

Coulis de framboises

Pour 125 ml environ
(suffisamment pour napper
4 à 6 blancs-mangers)

Ingrédients

- 125 g de framboises fraîches, rincées rapidement et essuyées
- 2 c.s. de sucre glace

1 Mélangez les framboises, le sucre et 1 cuillerée à soupe d'eau dans le bol du robot. • Mixez par impulsions pour obtenir une texture onctueuse. • Goûtez et ajoutez un peu plus de sucre si vous le souhaitez mais le coulis ne doit pas être trop sucré. • Vous pouvez le filtrer à la passoire fine si vous voulez retirer les pépins mais ce n'est pas obligatoire (je ne le fais jamais). • Transférez-le dans un récipient hermétique et conservez-le au frais jusqu'à 24 heures, ou congelez-le. • Ce coulis de framboises est un délice sur une boule de glace, un gâteau au yaourt (page 228), ou juste nappé sur une bonne tranche de pain beurrée.

Brioche aux amandes, poire et chocolat

“

Le samedi matin, mon père nous emmenait, ma sœur et moi, faire un tour au Quartier latin chez son marchand de bandes dessinées préféré. Nous passions alors des heures dans cette petite librairie à passer en revue les nouveautés, à fouiller dans les casiers à la recherche de trésors engloutis, et à bouquiner assis en tailleur dans un coin.

En sortant du magasin avec nos achats, nous allions nous installer dans une sorte de café-boulangerie non loin de là, qui a d'ailleurs disparu depuis, où nous attaquions la récolte de la semaine après un bref round de négociation pour décider qui lirait quoi en premier. Mon père commandait un expresso, ma sœur et moi des diabolos menthe, et chacun d'entre nous se délectait d'un croissant aux amandes dans un moment d'extase beurrée.

Le croissant aux amandes, ce baleineau de pâte feuilletée gavé de crème d'amande et enseveli sous une poudreuse de sucre glace, est une preuve de plus que les meilleures idées naissent par nécessité : ce qui n'était au départ qu'un moyen de recycler les croissants de la veille est devenu une spécialité en tant que telle.

La recette qui suit met la même idée au service d'une brioche un peu fatiguée ; je dois cependant avouer qu'il m'arrive d'en acheter pour la faire rassir exprès. Garnies de crème d'amande, de poires pochées et de pépites de chocolat, ces tranches moelleuses et dorées peuvent être servies pour le dessert, au goûter, ou à l'occasion d'un brunch.

Gourmandise

Brioche aux amandes, poire et chocolat

Pour 4 à 8 personnes

Ingrédients

Pour les poires pochées

- 2 poires mûres, environ 450 g, pelées, évidées, et coupées en quartier (choisissez une variété qui ne tombe pas à la cuisson, comme la conférence ou la williams)
- 2 c.s. de sucre
- 2 c.s. de rhum agricole ambré (facultatif)

Pour la crème d'amande

- 100 g de sucre
- 100 g de poudre d'amandes
- 1/4 de c.c. de sel
- 100 g de beurre à température ambiante
- 2 œufs
- 8 tranches de 2 cm d'épaisseur de brioche (ou de pain brioché) de la veille, environ 200 g en tout
- 40 g de pépites de chocolat noir (ou 40 g de chocolat noir grossièrement haché, ou de chocolat noir bien froid et râpé en copeaux à l'aide d'un économe).

Accord vin

Bonny Doon 2004 Muscat Vin de Glacière (États-Unis, Californie, vin de glace).

Un vin de dessert dont la douceur est équilibrée par une belle acidité. Il présente des arômes de poire rôtie, de pêche et de miel, qui évoluent sur le palais en notes fruitées similaires, renforcées par des saveurs de caramel beurré.

1 Pochez les poires : dans une casserole sur feu moyen, faites chauffer 250 ml d'eau, le sucre et le rhum. • Dès que le mélange frémit, ajoutez les poires. • Lorsque les frémissements reprennent, comptez 4 minutes de cuisson, jusqu'à ce que les poires soient tendres et légèrement translucides. • Retirez la casserole du feu et laissez refroidir.

2 Préparez la crème d'amande : mettez le sucre, la poudre d'amandes et le sel dans le bol du robot ; mélangez quelques secondes. • Ajoutez le beurre, mixez à nouveau, puis incorporez les œufs, un par un, pour obtenir un mélange crémeux. • Vous pouvez préparer les poires et la crème d'amande la veille. Transférez-les alors séparément dans deux récipients hermétiques, en laissant les poires dans leur sirop, et mettez au frais.

3 Préchauffez le four à 180 °C (th. 6) et chemisez une plaque à pâtisserie de papier sulfurisé. • Sortez les quartiers de poires du sirop à l'aide d'une écumoire et émincez-les horizontalement en fines lamelles, en veillant à ce qu'ils gardent leur forme.

4 Trempez rapidement chaque face des tranches de brioche dans le sirop. • Si elles ont l'air trop fragiles pour être trempées sans se défaire, badigeonnez-les au pinceau à pâtisserie. • Disposez-les sur la plaque à pâtisserie. • Étalez 2 cuillerées à soupe de crème d'amande délicatement sur chaque tranche. • Soulevez chaque quartier de poire sur la lame d'un couteau, pressez doucement sur les lamelles de poire pour les déployer, et déposez-les sur chaque tranche de brioche.

5 Enfournez 15 minutes, jusqu'à ce que la crème d'amande soit prise et dorée. • Laissez refroidir 5 minutes sur une grille. • Parsemez de pépites de chocolat et servez encore tiède ou à température ambiante. • Dans l'éventualité peu probable où vous auriez des restes, ils se conserveront une journée au frais, enveloppés dans du papier d'aluminium. • Faites-les réchauffer 5 minutes au four à 180 °C (th. 6).

Blanc-manger au coulis de basilic ou de framboise

PAGE 250

Brioche aux amandes, poire et chocolat
PAGE 254

Compote d'abricots à la lavande

"

Dans l'une des rues commerçantes de Montmartre se trouve un magasin spécialisé dans les épices, les herbes aromatiques et les condiments exotiques. Il y a quelque chose de surnaturel dans cette boutique, qui semble avoir en réserve n'importe lequel des ingrédients insolites que je viens y chercher : il me suffit de frotter la lampe magique et de formuler mon vœu pour que la vendeuse sourie, hoche la tête, et montre du doigt l'étagère, le panier ou le bocal où m'attend l'objet de mes désirs.

Même quand je ne cherche rien de particulier, je prends plaisir à m'y attarder : je parcours les rayonnages, j'étudie les étiquettes, et je m'offre tel ou tel produit qui éveille ma curiosité. Et c'est ainsi que j'ai un jour acheté des fleurs de lavande séchées. Une fois à la maison, je les ai transvasées dans un pot à confiture, pour pouvoir mieux les admirer et y mettre mon nez. Je ne savais pas vraiment que faire de ces boutons pastel, jusqu'à ce qu'un jour je décide d'en aromatiser une compote d'abricots.

L'accord s'est avéré prodigieux : le parfum de la lavande électrise celui des abricots, stimule leur saveur acidulée, et donne à ce dessert tout simple une élégance discrète.

Compote d'abricots à la lavande

Pour 4 à 6 personnes

Ingrédients

- 30 g de beurre doux
- 50 g de sucre
- 1 pincée de sel fin
- 1 kg d'abricots frais, mûrs, coupés en deux et dénoyautés (ou des oreillons d'abricots surgelés, inutile de les décongeler)
- 2 c.c. de fleurs de lavande séchées non traitées (voir ci-dessous)

La lavande

- Vous trouverez des fleurs de lavande séchées en épicerie fine et en magasin bio : assurez-vous qu'elles n'ont pas été traitées avec des produits chimiques et qu'elles sont comestibles. Ayez toujours la main légère avec la lavande, pour éviter de donner un goût de savon à vos plats.
- On peut moudre les fleurs de lavande avec des graines de coriandre, de cumin et le zeste d'un citron dans un mortier, et frotter de ce mélange un poisson ou une viande ; c'est particulièrement bon sur des filets de canard.
- On peut aussi broyer 200 g de sucre et 1 cuillerée à soupe de fleurs de lavande dans un moulin à épices ou au mixeur. Ce sucre de lavande pourra être utilisé à la place du sucre classique dans les recettes de gâteaux et de biscuits, pour sucrer un yaourt nature ou des crêpes.

1 Faites fondre le beurre dans une grande poêle à feu doux. • Saupoudrez de sucre et laissez fondre sans remuer 3 à 5 minutes. • Quand le mélange devient blond et légèrement caramélisé, ajoutez le sel et les abricots et remuez pour les enrober. • Couvrez et laissez cuire 8 minutes (10 pour des abricots surgelés).

2 Sortez les abricots de la poêle à l'aide d'une écumoire et réservez-les dans un saladier, en laissant autant de jus que possible dans la poêle. • Saupoudrez la lavande dans la poêle, portez la flamme à feu vif et laissez réduire 4 à 5 minutes à découvert, en remuant régulièrement, jusqu'à obtenir un sirop épais. • Personnellement, je laisse les fleurs dans la compote, mais si vous pensez que leur consistance va vous gêner, filtrez le sirop à travers une passoire fine.

3 Remettez les abricots dans la poêle et remuez délicatement pour les enrober de sirop. • Servez la compote tiède ou à température ambiante, accompagnée de langues de chat ou de biscuits à la cuiller.

Variante

On peut aussi préparer cette compote avec des pêches ou des prunes.

Accord vin

Marcarini 2004 Moscato d'Asti (Italie, Piémont, blanc pétillant).
Léger en bouche et faible en alcool, ce vin doux pétillant évite toute lourdeur grâce à la finesse de ses bulles. Il exprime des arômes légèrement floraux qui rejoignent la lavande, et des notes de pêches jaunes et blanches qui font écho à l'abricot.

Crème de ricotta à la mangue, croustillant de macadamia

“

J’ai une passion étrange pour les plats et les desserts servis dans des verres. La pratique s’est largement répandue dans les restaurants ces dernières années – le mot magique est « verrine » – mais j’y vois plus qu’un simple effet de mode : le fait d’offrir au regard l’empilement des couleurs et des textures apporte vraiment une dimension supplémentaire au plaisir de la dégustation.

Ce dessert en est une savoureuse illustration : lorsqu’on l’attaque, la cuillère se heurte d’abord à la rocaille croustillante des noix de macadamia et des céréales caramélisées. Elle poursuit son chemin à travers le velours d’une ricotta légèrement sucrée, avant d’atteindre le matelas de mangue juteuse, qu’un trait de citron vert vient réveiller. Et c’est alors que, remontant à la surface, la cuillère prélève un échantillon de chacun des étages, et les additionne pour former la bouchée idéale.

Crème de ricotta à la mangue, croustillant de macadamia

Pour 4 à 6 personnes

Ingrédients

- 15 g de beurre doux
- 3 c.s. de sirop d'érable
- 50 g de flocons d'avoine (ou un mélange de flocons de céréales)
- 1/4 de c.c. de sel fin
- 40 g de noix de macadamia, grossièrement concassées
- 1/2 c.c. de zeste de citron vert finement râpé, prélevé sur un citron vert bio
- 300 g de ricotta
- 3 c.s. de sucre glace
- 80 g de crème fleurette
- la chair de 1,5 grosse mangue mûre, détaillée en dés
- 2 c.c. de jus de citron vert

Verrines

- Les verres et verrines sont parfaits pour servir des préparations froides, à température ambiante ou légèrement tièdes. Réservez-les pour celles qui offrent effectivement des contrastes de couleur et de texture – des entrées ou des desserts, le plus souvent.
- Disposez les ingrédients en couches bien nettes et procédez avec application pour ne pas faire de traces sur les parois.
- Les recettes de ce genre peuvent souvent être préparées à l'avance, mais si l'un des ingrédients est croquant ou croustillant, ajoutez-le sur le dessus et à la dernière minute, pour éviter qu'il ne ramollisse.

1 Préchauffez le four à 180 °C (th. 6) et chemisez une plaque à pâtisserie de papier sulfurisé. • Mélangez le beurre et le sirop d'érable dans une petite casserole et laissez chauffer à feu moyen. • Dès que le beurre est fondu, retirez la casserole du feu.

2 Mélangez les flocons d'avoine, le sel, les noix de macadamia et le zeste de citron dans un saladier. • Ajoutez le beurre fondu et mélangez bien. • Étalez cette préparation sur la plaque à pâtisserie et enfournez 12 minutes, jusqu'à ce qu'elle soit dorée, en remuant une ou deux fois en cours de cuisson. • Sortez la plaque du four et laissez refroidir. • Vous pouvez préparer le croustillant plusieurs jours à l'avance et le conserver dans un récipient hermétique. • Il est tout aussi délicieux à grignoter seul ou saupoudré sur un yaourt.

3 Rincez et essuyez le saladier qui a servi pour le croustillant et utilisez-le pour mélanger la ricotta et le sucre. • Au fouet manuel ou électrique, battez ces ingrédients pour obtenir une texture onctueuse. • Ajoutez la crème, et battez à nouveau jusqu'à ce que le mélange soit bien homogène.

4 Dans un autre récipient, mélangez délicatement les dés de mangue et le jus de citron. • Répartissez la mangue dans quatre ou six verres et recouvrez de la crème de ricotta. • Vous pouvez préparer les verres jusqu'à 4 heures à l'avance : couvrez-les, réservez-les au frais, et sortez-les 10 minutes avant de servir.

5 Juste avant de servir, saupoudrez chaque verre d'une bonne cuillerée de croustillant. • Présentez le reste dans un petit bol sur la table pour que les amateurs se resservent.

Accord vin

Macari Vineyards 2003 Block E (États-Unis, New York, vin de glace).
Un vin au nez à la fois floral et fruité avec des notes de noisettes. Mûr et généreux en bouche, il déploie des arômes de miel, de poire croquante et de fruits exotiques, en particulier de mangue. Sucré sans être écœurant, il offre une vive acidité et une finale longue et élégante.

Crêpes

“

En plus de notre séjour annuel dans les Alpes chaque été, ma famille passait traditionnellement une semaine en Bretagne pendant les vacances de Pâques, à Carnac de préférence. La plus grande incertitude planait sur la météo, puisque cette époque de l'année pouvait aussi bien être vivement ensoleillée que pluvieuse et embrumée, mais je trouvais mon compte dans les deux possibilités : dans les châteaux de sable et les cerfs-volants autant que dans les promenades en ciré et le spectacle des éléments déchaînés.

Je garde de ces vacances le souvenir gourmand d'une farandole de kouign-amanns, de cornets de glace, de lait ribot et, bien sûr, de crêpes bretonnes. Car c'est de crêpes que nous dînions, tous les soirs sans exception, à la plus grande joie de ma sœur et moi : aller au restaurant était pour nous un événement rare et merveilleux, et manger des crêpes tous les jours était assez proche de l'idée que nous nous faisions du paradis.

Les crêpes salées, que l'on appelle selon les régions « galettes » ou « crêpes » de sarrasin, sont assez difficiles à réussir chez soi : pour obtenir ce disque de dentelle au pourtour délicatement craquelé, il faut une excellente farine de sarrasin, un geste sûr, et une crêpière de belle taille qui conduira la chaleur de façon impeccable.

Les crêpes sucrées, en revanche, se font avec de la farine de blé ordinaire et sont des plus simples à réaliser. Les enfants adorent ça, et c'est un dessert agréablement interactif pour une soirée entre amis : au fur et à mesure que les crêpes sont préparées, chacun garnit la sienne à son goût, la roule ou la plie en quatre, et la déguste debout dans la cuisine, avec les doigts, parce que c'est bien meilleur comme ça.

Crêpes

Pour 8 personnes

Ingrédients

- 250 g de farine
- 1/4 de c.c. de sel fin
- 50 g de sucre
- 2 c.c. d'extrait naturel de vanille
- 3 œufs, légèrement battus
- 250 ml de lait
- 2 c.s. de rhum agricole ambré (facultatif)
- 30 g de beurre doux
- Huile végétale pour la poêle

Temps de repos

2 heures

Garnitures

Parmi les classiques indétrônables, citons la crêpe au sucre et au beurre salé ; la crêpe à la confiture ; la crêpe au sucre et au jus de citron ; la crêpe au chocolat fondu, à laquelle on peut ajouter des tranches de bananes ; la crêpe à la crème de marron ; la crêpe au caramel ; la crêpe au sirop d'érable ou au miel ; la crêpe à la compote de pommes. Et un peu de crème fouettée ou de glace n'a jamais fait de mal à personne.

Accord boisson

Du cidre brut ou du lait ribot.

Variantes

-On peut adapter cette recette pour des crêpes salées : supprimez le sucre, la vanille et le rhum et doublez la quantité de sel. Garnissez-les de jambon, de gruyère râpé et d'un œuf au plat (la complète) ; de poireaux et de fromage de chèvre ; de tomates fraîches et de comté ; de saumon fumé et de crème fraîche ; de fines tranches d'andouille pour faire rire les enfants...

1 Mélangez la farine, le sel et le sucre dans un grand saladier et formez une fontaine au milieu. • Mettez-y la vanille et les œufs, et battez doucement au centre avec un fouet, jusqu'à ce que les œufs se soient mélangés avec une partie de la farine. • Versez le lait et 250 ml d'eau fraîche sans cesser de fouetter, jusqu'à obtention d'une pâte homogène. • Ajoutez le rhum et battez à nouveau. • Couvrez le saladier de film alimentaire et réservez au frais au moins 2 heures, toute la nuit si possible.

2 Faites fondre le beurre dans une petite casserole ou au micro-ondes. • Sortez la pâte du réfrigérateur, battez à nouveau quelques secondes et filtrez-la à travers une passoire fine pour régler leur compte aux éventuels grumeaux. • Incorporez le beurre fondu dans la pâte en mélangeant bien.

3 Faites chauffer une crêpière ou une poêle à fond épais sur feu vif. • Attendez qu'elle soit très chaude (si vous faites tomber une goutte d'eau dessus, elle doit grésiller). • Pliez deux feuilles de papier absorbant pour former un tampon. • Trempez-le dans un ramequin contenant un fond d'huile, et huilez la poêle sans excès, en faisant bien attention à ne pas vous brûler.

4 Versez la valeur d'une petite louche de pâte dans la poêle, juste assez pour en recouvrir finement le fond, et inclinez la poêle en un large mouvement circulaire pour bien étaler la pâte. • Laissez cuire 40 secondes, le temps que les bords commencent à dorer et à se recroqueviller légèrement. • Passez le bout d'une spatule rigide tout autour de la crêpe pour la décoller, jetez un œil en dessous et retournez-la quand vous constatez qu'elle a bien doré. • Laissez cuire 20 secondes de plus sur l'autre face, le temps qu'elle dore aussi, et faites glisser la crêpe sur une assiette. (La première crêpe est toujours ratée, vous n'y êtes pour rien.) • Repassez de l'huile dans la poêle toutes les deux ou trois crêpes.

5 Servez les crêpes au fur et à mesure, ou empilez-les sur une assiette résistant à la chaleur, placée sur une casserole d'eau frémissante et couvrez la pile d'une feuille de papier d'aluminium. • La pâte et les crêpes se conserveront trois jours au frais, soigneusement couvertes.

Compote d'abricots à la lavande PAGE 258

Crème de ricotta à la mangue, croustillant de macadamia

PAGE 260

Mignardises

Billes de noisettes au chocolat

“

Les mignardises, ce sont ces pâtisseries de la taille d’une bouchée que l’on sert au moment du café dans les grands restaurants – petits fours, nougat, pâtes de fruit, chocolats… Leur nom, qui est presque un mot-valise entre « mignon » et « gourmandise », ne pourrait pas être mieux porté, et je dois avouer qu’il m’arrive de commander un café dans le seul espoir de faire apparaître un petit plateau de délices colorées.

La fabrication de mignardises est le projet idéal pour passer un agréable moment dans sa cuisine et exercer sa créativité, son habileté et son sens du détail. Les recettes prennent parfois un peu de temps mais, comme toujours en matière de loisirs créatifs, il faut savoir apprécier le voyage autant que la destination – avec ou sans coéquipier.

Une fois que votre petite armée de friandises est alignée en rangs serrés sur le buffet de la cuisine, le sentiment de satisfaction est intense. Vous pouvez alors convoquer les autres membres de la famille, pour qu’ils puissent exprimer leur admiration et subtiliser quelques-unes de vos créations lorsque vous aurez le dos tourné.

Je prépare des mignardises pour les servir en fin de repas, selon leur vocation première, ou bien je les emballe joliment pour les offrir en cadeau. Il m’arrive aussi d’en servir lorsque j’ai des amis qui passent prendre le thé dans l’après-midi. D’abord parce que c’est très chic, mais aussi parce que cela permet à chacun de composer selon son appétit, sans se sentir obligé de finir sa part de gâteau si tout ce dont il a envie c’est d’une tisane et d’une branche de céleri.

Dans la recette qui suit, on confectionne des billes de pâte de noisette que l’on recouvre de chocolat. On s’efforcera de former des boules de petite taille pour un ratio chocolat/noisette optimal, et on les servira sur une petite assiette avec le café.

Gourmandise

Billes de noisettes au chocolat

Pour 25 pièces environ

Ingrédients

- 120 g de noisettes sans peau brune, grillées à sec
- 100 g de sucre glace
- 1 pincée de sel fin
- 2 c.c. de miel
- 85 g de chocolat noir

Temps de repos

1 heure pour la pâte de noisettes,
2 heures pour le glaçage

Variante

Vous pouvez confectionner ces billes avec d'autres fruits à coque, par exemple des amandes mondées ou des noix de pécan.

1 Mélangez les noisettes, le sucre et le sel dans le bol du robot et réduisez en poudre fine en mixant par impulsions. • Transférez ce mélange dans un saladier de taille moyenne et creusez une fontaine au centre. • Dans un petit bol, faites dissoudre le miel dans 1 cuillerée à soupe d'eau chaude. • Versez dans la poudre de noisettes et mélangez bien à la fourchette.

2 Pétrissez la pâte aux noisettes 1 ou 2 minutes, jusqu'à ce qu'elle s'amalgame suffisamment pour former une boule. • Elle paraîtra un peu collante à ce stade mais séchera en refroidissant. • Enveloppez-la de film alimentaire et réservez au frais au moins 1 heure, ou jusqu'à une journée.

3 Sortez la pâte de noisette du réfrigérateur. • Prélevez-en l'équivalent d'une cuillerée à café bombée, et roulez la pâte du bout des doigts pour former une bille d'environ 2 cm de diamètre. • Alignez les billes au fur et à mesure sur une assiette et plantez un cure-dent en bois bien droit au centre de chacune. • Réservez l'assiette au réfrigérateur.

4 Chemisez une plaque à pâtisserie de papier sulfurisé. • Faites fondre le chocolat au bain-marie, ou dans un bol résistant à la chaleur, placé au-dessus d'une casserole d'eau frémissante, en remuant de temps en temps.

5 Trempez chaque bille dans le chocolat, en la tenant par le cure-dent et en la faisant tourner doucement pour bien l'enrober. • Faites en sorte que le sommet de la bille ne soit pas couvert de chocolat pour que l'on voie la pâte de noisette. • Retirez la bille du bain de chocolat, laissez le chocolat s'égoutter quelques secondes et déposez-la sur le papier sulfurisé, cure-dent pointé vers le haut. • Laissez refroidir 2 heures à un endroit frais (mais pas au réfrigérateur), le temps que le glaçage au chocolat prenne. • Les billes se conserveront jusqu'à quatre jours à température ambiante dans une boîte hermétique.

Navettes à la fleur d'oranger

“

La navette est un biscuit provençal qui doit son nom à sa forme de petit bateau, en référence biblique à celui qui permit aux Saintes Maries de fuir la Palestine et d'accoster en Provence, où elles restèrent pour évangéliser la région.

Maxence et moi avons goûté nos premières navettes lors d'un week-end à Marseille un été, au détour d'une promenade dans le quartier du Panier. Dans le labyrinthe des ruelles, une boulangerie s'est présentée sur notre chemin, juste au moment où nous commencions à avoir un peu faim (il n'est pas exclu que ce soit mon radar intégré qui nous ait guidés depuis le début).

À l'opposé des boulangeries gaies et riantes auxquelles je suis habituée, celle-ci était pleine d'ombres et de chuchotements, et donnait la nette impression que tout le monde à l'intérieur faisait la sieste, comme n'importe quel Marseillais sensé le ferait à cette heure de la journée et par cette chaleur. Mais enfin, la porte était ouverte, et nous avons donc lancé un « bonjour ? » plein d'hésitation.

Après quelques minutes d'un silence presque parfait – une horloge, un toussotement, un froissement de draps –, une femme est apparue depuis l'arrière-boutique. Elle a traîné ses chaussons jusqu'à la caisse, nous a vendu une douzaine de navettes, et a disparu sans un mot. Nous sommes ressortis, clignant des yeux dans la lumière soudaine, et avons repris notre promenade, les mains piochant dans le sac en papier.

La navette est un biscuit sec et croquant qui cache un cœur tendre et friable. Ni trop sucrée ni trop riche, c'est la meilleure amie d'une tasse de thé ou de café, dans laquelle d'ailleurs rien n'empêche de la tremper. Selon son lieu de naissance, sa forme et son arôme varient ; la version ci-dessous, au parfum léger de fleur d'oranger, est celle que je préfère.

Navettes à la fleur d'oranger

Pour 32 navettes

Ingrédients

- 50 g de beurre doux, à température ambiante
- 100 g de sucre
- 1 œuf, légèrement battu
- 3 c.s. d'eau de fleur d'oranger
- 260 g de farine
- 1/4 de c.c. de sel fin
- 1 jaune d'œuf, battu avec 1 c.s. d'eau froide

Temps de repos

1 heure

Variantes

Vous pouvez remplacer l'eau de fleur d'oranger par 1 c.s. de zeste d'orange finement haché et 3 c.s. de jus d'orange fraîchement pressé. Vous pouvez aussi omettre l'eau de fleur d'oranger et ajouter à la pâte de la poudre de noisette, des raisins secs finement hachés, ou des baies roses fraîchement moulues.

1 Mélangez le beurre et le sucre dans le bol du robot et mixez pour obtenir une texture mousseuse. • Ajoutez l'œuf et l'eau de fleur d'oranger, mélangez bien le tout. • Incorporez la farine et le sel, et mixez à nouveau pour obtenir un mélange onctueux. • Transférez cette pâte sur un plan de travail légèrement fariné et pétrissez-la jusqu'à ce qu'elle s'amalgame pour former une boule. • Si la pâte est trop sèche, ajoutez un peu d'eau glacée, 1 cuillerée à café à la fois, et pétrissez à nouveau. • Si elle est trop collante, ajoutez 1 cuillerée à soupe de farine. • Divisez la pâte en deux boules légèrement aplaties, enveloppez-les de film alimentaire et réservez 1 heure au réfrigérateur, ou jusqu'à une journée.

2 Préchauffez le four à 180 °C (th. 6) et chemisez une plaque à pâtisserie de papier sulfurisé.

3 Sortez une boule de pâte du réfrigérateur et divisez-la en huit portions égales. • Roulez chaque portion de la paume de la main sur le plan de travail pour former une bûche d'environ 8 cm de longueur. • Coupez-la en deux pour obtenir deux bûchettes de 4 cm et réservez. • Procédez de même avec les autres portions jusqu'à obtention de seize bûchettes.

4 Pincez les extrémités de chaque bûchette et aplatissez légèrement le dessus pour obtenir une petite barquette. • De la pointe d'un couteau à bout rond, creusez une entaille au centre de la barquette, sans aller jusqu'aux extrémités. • Disposez les navettes sur la plaque à pâtisserie et procédez de même avec la seconde boule de pâte.

5 Dorez les navettes au jaune d'œuf allongé d'eau. • Enfournez 15 minutes, jusqu'à ce qu'elles soient dorées et légèrement brunies aux extrémités. • Laissez refroidir complètement sur une grille et servez avec le thé ou le café. • Les navettes se conserveront plusieurs semaines à température ambiante dans une boîte hermétique. • Elles durciront au bout de quelques jours, mais retrouveront leur consistance initiale si vous les réchauffez 3 à 4 minutes au four à 180 °C (th. 6). (En Provence, on dit qu'il suffit d'un peu du soleil de là-bas.) • La pâte crue peut aussi être conservée un mois au congélateur, bien enveloppée.

Billes de noisettes au chocolat PAGE 268

Navettes à la fleur d'oranger PAGE 270

Sablés au citron

“

Quand ma sœur aînée est partie deux ans en Allemagne pour ses études, j'étais effondrée. Céline était ma confidente, ma complice, nous pensions les mêmes choses et nous finissions les phrases l'une de l'autre, nous mettions nos efforts en commun pour négocier avec nos parents, elle me laissait emprunter sa petite veste beige… Qu'allais-je devenir sans elle ?

Je me suis autorisé quelques bonnes crises de larmes, assise par terre dans sa chambre (bien plus grande que la mienne d'ailleurs) en contemplant le vide qu'elle laissait, jusqu'à ce que je m'habitue à son absence et qu'elle me semble un peu moins douloureuse. Bien sûr, ce n'est pas tant la distance qui me faisait pleurer – ce n'est pas comme si Francfort était sur une autre planète – mais bien le fait que son départ marquait officiellement la fin de notre enfance : ma sœur quittait le nid d'un battement de ses ailes toutes neuves, ce serait bientôt mon tour, et une partie de moi-même aurait préféré ralentir un peu le cours des choses.

Je me souviens du cadeau que je lui ai fait à la veille de son départ : c'était un assortiment d'emporte-pièces reliés par un anneau métallique, auquel j'avais joint la recette des sablés au citron de notre mère. C'étaient les biscuits que nous aimions faire ensemble le dimanche après-midi, lorsque nous découpions à tour de rôle des fleurs et des étoiles en boulottant discrètement les chutes de pâte et en trempant les doigts dans le glaçage.

Cette recette est aussi inscrite dans le cahier de cuisine que j'avais commencé à tenir à cette époque, et j'en prépare une fournée chaque fois que me vient l'envie d'une petite chose délicate et acidulée à déguster avec le thé.

Au moment des fêtes, je taille mes biscuits à l'emporte-pièce, mais le reste de l'année, j'utilise la méthode plus rapide décrite ci-dessous qui consiste à former un rouleau de pâte que l'on découpe ensuite en rondelles. Quand j'étais petite, nous les parfumions toujours au citron, mais on peut varier les plaisirs avec d'autres agrumes – orange, citron vert, pamplemousse, bergamote, kumbawa, yuzu, etc.

Gourmandise

Sablés au citron

Pour 40 petits sablés environ

Ingrédients

- 1 citron bio
- 150 g de farine
- 75 g de sucre
- 1 c.c. de fleur de sel
- 75 g de beurre doux bien froid, coupé en dés
- 1 jaune d'œuf
- 130 g de sucre glace

Temps de repos

30 minutes pour la pâte,
1 heure pour le refroidissement,
1 heure pour le glaçage

1 Râpez le citron pour prélever 1 cuillerée à soupe de zeste finement haché. • Réservez le citron pour le glaçage.

2 Dans un saladier, mélangez la farine, le sucre, le sel et le zeste de citron. • Ajoutez le beurre et travaillez-le avec les ingrédients secs du bout des doigts ou avec un coupe-pâte. • Incorporez le jaune d'œuf à la fourchette, puis pétrissez la pâte jusqu'à ce qu'elle s'amalgame et forme une boule. • Si la pâte est trop sèche, ajoutez un peu d'eau glacée, 1 cuillerée à café à la fois, et pétrissez à nouveau. • Si elle est trop collante, ajoutez 1 cuillerée à soupe de farine.

3 Divisez la pâte en deux et formez deux bûches d'environ 3 cm de diamètre. • Enveloppez chaque bûche dans du film alimentaire et réservez 30 minutes au congélateur.

4 Préchauffez le four à 180 °C (th. 6) et chemisez une plaque à pâtisserie de papier sulfurisé. • Sortez une bûche du congélateur, retirez le film alimentaire et découpez la pâte en rondelles de 1/2 cm avec un couteau à dents, en faisant tourner la bûche d'un quart de tour après chaque tranche pour qu'elle garde une forme bien ronde. • Disposez les tranches sur la plaque à pâtisserie en les espaçant de 1 cm. • Procédez de même avec la deuxième bûche.

5 Enfournez 12 minutes, jusqu'à ce que les bords des sablés soient légèrement dorés, et laissez refroidir complètement sur une grille, environ 1 heure, avant le glaçage.

6 Pressez le citron pour obtenir 3 cuillerées à soupe de jus. • Mettez le sucre glace dans un bol, ajoutez le jus de citron et mélangez à la fourchette pour obtenir un mélange épais et onctueux, dont vous glacerez finement les sablés en vous aidant d'un pinceau à pâtisserie ou du dos d'une petite cuillère. • Laissez le glaçage prendre environ 1 heure. • Les sablés se conserveront une semaine à température ambiante dans une boîte hermétique. • La pâte crue peut aussi être conservée un mois au congélateur, bien enveloppée.

Mini-financiers au miel

“

Le financier, ce petit gâteau rectangulaire qui ressemble à s’y méprendre à un lingot d’or, doit sa popularité au croustillant délicat de ses bordures, au moelleux de son cœur d’amandes pilées, et à l’extraordinaire facilité de son élaboration.

Comme les financiers sont assez riches (sauf quand ils font des investissements malheureux qui les mènent à la faillite), je les prépare le plus souvent sous la forme de bouchées miniatures, à servir avec le café à la fin d’un repas ou avec une tasse de thé pour le goûter.

La recette classique utilise du sucre blanc, mais j’aime la profondeur que l’on obtient en y mettant du miel : j’ai un faible pour les arômes de résine du miel de châtaignier et pour la douceur poudrée du miel de printemps, mais on peut prendre le miel de son choix, artisanal de préférence.

Mini-financiers au miel

Pour 20 à 60 pièces, selon la taille des moules utilisés

Ingrédients

- 125 g de poudre d'amandes
- 50 g de sucre
- 30 g de farine
- 1/4 de c.c. sel fin
- 70 g de beurre doux
- 100 g de miel artisanal
- 2 œufs, ou 4 blancs d'œufs

Temps de repos

1 heure

Variante

Pour des financiers classiques, omettez le miel et utilisez 125 g de sucre en tout. Vous pouvez aussi remplacer la moitié de la poudre d'amandes par de la poudre de noisettes, ou bien garnir chaque moule d'une framboise avant d'enfourner, ou bien encore ajouter aux ingrédients secs 1 cuillerée à soupe de zeste d'agrume finement râpé.

1 Mélangez la poudre d'amandes, le sucre, la farine et le sel dans un saladier et réservez.

2 Faites fondre le beurre dans une petite casserole à feu doux. • À partir du moment où il frémit, laissez cuire 2 minutes, jusqu'à ce qu'il commence à blondir et dégage une odeur de noisette (d'où son nom de « beurre noisette »). • Ajoutez le miel et remuez pour le dissoudre.

3 Versez le mélange beurre et miel sur les ingrédients secs et mélangez bien le tout. • Incorporez les œufs un par un, en battant bien après chaque ajout. • Versez la pâte dans un sachet de congélation, chassez tout l'air, et fermez hermétiquement. • Ceci est la version bricolée d'une poche à douille (que vous pouvez utiliser si vous en avez une, bien sûr), qui permet de garnir les moules beaucoup plus proprement qu'avec une cuillère. • Mettez au frais 1 heure.

4 Préchauffez le four à 180 °C (th. 6) et beurrez une plaque à petits fours ou à mini-muffins. • Ceci est inutile dans le cas de moules antiadhésifs, en silicone, ou dotés de quelconques pouvoirs magiques.

5 Sortez le sachet du réfrigérateur et coupez-en un coin avec des ciseaux pour créer une ouverture de 0,5 cm. • Pressez sur le sachet pour faire sortir la pâte et remplissez les moules en les remplissant presque à ras bord.

6 Enfournez 12 à 16 minutes, selon la taille des moules, jusqu'à ce que les financiers soient dorés. • Laissez reposer quelques minutes sur une grille, démoulez et laissez refroidir complètement. • Les financiers se conservent quatre jours dans une boîte hermétique à température ambiante. • On peut aussi les garder un mois au congélateur.

Biscuits très chocolat

“

Paris a la chance d’accueillir en son sein des dizaines d’excellents

chocolatiers, de fiers artisans qui ne travaillent qu’avec les meilleurs crus de cacao et les ingrédients les plus frais. Chaque fois que je passe devant l’une de ces boutiques, je perds tout libre-arbitre et mes pieds me propulsent à l’intérieur sans que je puisse résister.

Je respire profondément, pour emmagasiner les arômes flamboyants qui flottent dans l’air, j’étudie les présentoirs avec attention, je demande conseil aux vendeurs, et je repars avec la tablette de mon choix, élégamment emballée et profondément enfouie dans mon sac : si je devais être victime d’un pickpocket, je préférerais encore me faire voler mon porte-monnaie.

Par conséquent, j’ai toujours une ou deux ou six tablettes à moitié mangées dans ma cachette secrète (j’ignore pourquoi je la garde secrète alors que de toute façon Maxence n’aime pas le chocolat noir, dont je fais moi-même une consommation exclusive), et j’en casse un petit morceau tous les jours après le déjeuner, pour le déguster avec mon café.

On n’a encore rien inventé de mieux pour accompagner un expresso qu’un carré de chocolat couleur ébène, mais ces biscuits turbo-chargés ne sont pas bien loin derrière. Croustillants et délicatement friables, ils puisent leur parfum intense à quatre sources différentes : le velours du chocolat fondu, la force de la poudre de cacao, le fondant des pépites de chocolat et le croquant brut des éclats de fève de cacao.

Biscuits très chocolat

Pour une cinquantaine de petits biscuits

Ingrédients

- 60 g de farine blanche
- 60 g de farine complète
- 30 g de poudre de cacao non sucrée
- 1/2 c.c. de levure chimique
- 140 g de chocolat noir
- 30 g d'éclats de fève de cacao
- 110 g de beurre doux ramolli
- 100 g de cassonade
- 1/2 c.c. de fleur de sel
- 1 c.c. d'extrait naturel de vanille

Temps de repos

20 minutes

Éclats de fèves de cacao

- Les éclats de fèves de cacao, parfois appelés « grués de cacao », sont des petits morceaux de fèves de cacao torréfiées et concassées, mais non sucrées. Ces éclats croquants, à la saveur intense de chocolat, s'achètent en épicerie fine et chez certains chocolatiers.
- On peut les ajouter à des préparations sucrées (confiture, muffins, gâteaux, scones, crumbles) ou salées (mélanges d'épices pour frotter une viande, farce de volaille, sauces ou plats de pâtes : voir page 130).
- On trouve parfois des éclats de fève de cacao enrobés de chocolat, qui conviendront très bien pour cette recette. Et si vous n'arrivez pas à vous en procurer, remplacez-les par des noisettes, noix ou noix de pécan finement hachées.

1 Dans un saladier, mélangez les farines, la poudre de cacao et la levure. Réservez.

2 Faites fondre la moitié du chocolat (70 g) au bain-marie (ou dans un bol résistant à la chaleur placé au-dessus d'une casserole d'eau frémissante), en remuant de temps en temps. • Réservez. • Hachez grossièrement les 70 g de chocolat qui restent, mélangez-les aux éclats de fève de cacao dans un bol et réservez.

3 Mettez le beurre dans le bol du robot et mixez jusqu'à ce qu'il soit crémeux (vous pouvez aussi travailler à la main, armé d'une bonne spatule). • Incorporez le sucre, le sel et la vanille. • Mixez pour mélanger. • Ajoutez le chocolat fondu et mixez à nouveau.

4 Ajoutez le mélange de farines et mixez juste assez pour incorporer. • Transférez la pâte ainsi obtenue dans le saladier utilisé pour la farine : l'étape suivante doit se faire à la main. • Incorporez à la pâte le chocolat haché et les éclats de fève de cacao, en vous servant d'une cuillère en bois et/ou de vos mains. • La pâte sera épaisse ; ne la pétrissez pas plus que nécessaire.

5 Couvrez de film alimentaire et mettez au frais au moins 20 minutes, ou jusqu'à une journée (la pâte aura tendance à durcir, mais elle s'assouplira quand vous la travaillerez). • Vous pouvez aussi la conserver un mois au congélateur, bien enveloppée.

6 Préchauffez le four à 180 °C (th. 6) et chemisez une plaque à pâtisserie de papier sulfurisé. • Sortez la pâte du réfrigérateur. • Prélevez-en l'équivalent d'une cuillerée à café bombée, et roulez la pâte du bout de vos doigts pour former une boule légèrement aplatie. • Disposez les boules de pâte au fur et à mesure sur la plaque chemisée, en les espaçant de 1 cm. • Enfournez 10 à 12 minutes, jusqu'à ce que le dessus soit pris. • Les biscuits doivent être encore un peu mous ; ils durciront en refroidissant. • Faites glisser la feuille de papier sulfurisé sur une grille et laissez refroidir complètement. • Ces biscuits se conserveront quatre jours dans une boîte hermétique à température ambiante, ou un mois au congélateur.

Sablés au citron PAGE 274

Mini-financiers au miel PAGE 276

JAMBONS
d'Origine
PIÈCES TRUFFÉES
sur
Commande
COMESTIBLES
DE
CHOIX
TRUFFES FRAICHES
&
Conservées
TERRINES
DE
Foies Gras
SAUCISSONS
DE
LYON & d'ARLES

Index

Note : les folios en gras renvoient aux photos

“

J’aimerais remercier…

Maxence pour son soutien sans faille, sa sagesse et son amour ; mes parents et ma sœur Céline, pour leurs rires ; ma mère et ma grand-mère, pour les fondations qu’elles ont données à ma cuisine ; mes voisins Stephan et Patricia pour tous les repas que nous avons partagés ; mes amis, et en particulier Alisa, Marie-Laure, Laurence et Marion, pour leurs encouragements et leur enthousiasme de goûteurs.

Je voudrais aussi remercier Lenn Thompson pour les accords mets et vins qu’il a mis au point ; mon agent et amie Claudia Cross, pour ses conseils précieux et le sourire dans sa voix ; les équipes de Broadway Books et de Marabout, et tout particulièrement Emmanuel, Aline et Jennifer, qui ont donné vie à ce livre.

Enfin, je remercie les lecteurs de Chocolate & Zucchini, qui écoutent ce que j’ai à leur raconter et reviennent jour après jour – ce livre n’existerait pas sans vous. Un mot de reconnaissance particulière pour mes lecteurs qui se sont portés volontaires pour tester les recettes : je les remercie pour le temps et le cœur qu’ils y ont mis.

Publié pour la première fois en 2007 par Broadway Books aux États-Unis sous le titre original *Chocolate & Zucchini*.

Traduction et adaptation : Clotilde Dusoulier et Catherine Pierre

Relecture et correction : Charlotte Buch-Müller

4042677/01

ISBN : 978-2-501-05478-2

Dépôt légal : février 2008

Achevé d’imprimer par Clerc en France